LA DOBLE CARA DE LA TECNOLOGÍA

LA ADICCIÓN A INTERNET Y SU IMPACTO EN LA SOCIEDAD ACTUAL

DAVID SANDUA

"Internet se ha convertido en una parte tan integral de nuestras vidas que es fácil pasar por alto lo profundamente que nos está cambiando."

Clay Shirky

ÍNDICE

7

10

11

I. INTRODUCCIÓN

La llegada de Internet ha revolucionado nuestra forma de comunicarnos, trabajar y acceder a la información. Sin embargo, junto con sus muchas ventajas, internet ha traído consigo una nueva preocupación: la adicción a internet. Definida como un trastorno del comportamiento caracterizado por un uso excesivo de Internet que interfiere en la vida cotidiana, la adicción a Internet se ha convertido en un problema creciente en la sociedad actual. Con la creciente prevalencia de los teléfonos inteligentes, las plataformas de medios sociales y los juegos en línea, personas de todas las edades corren el riesgo de desarrollar hábitos problemáticos de uso de Internet. Este fenómeno plantea importantes cuestiones sobre las implicaciones psicológicas y sociales de la dependencia tecnológica. Comprender los factores que contribuyen a la adicción a Internet y su impacto en el bienestar de las personas es crucial para desarrollar estrategias eficaces de prevención e intervención. En esta investigación, exploraremos la doble cara de la tecnología, examinando la prevalencia, las causas y las consecuencias de la adicción a internet en la sociedad contemporánea.

DEFINICIÓN DE ADICCIÓN A INTERNET

El concepto de adicción a Internet ha sido tema de debate e investigación durante varios años, con diversas definiciones propuestas por los estudiosos del tema. La adicción a Internet, también conocida como uso problemático de Internet o uso compulsivo de Internet, se caracteriza generalmente por el uso excesivo e incontrolable de Internet por parte de una persona, lo que tiene consecuencias negativas en su vida diaria. A menudo se asocia con una pérdida de control, preocupación por las actividades en línea, síntomas de abstinencia cuando no se está en línea y uso continuado a pesar de los resultados negativos. Aunque la definición exacta puede diferir ligeramente según la perspectiva de la investigación, la mayoría de las definiciones engloban la idea de que la adicción a Internet puede tener efectos perjudiciales significativos en la salud mental, las relaciones, el rendimiento laboral o académico y el bienestar general de una persona. A medida que la sociedad depende cada vez más de la tecnología, comprender y abordar la adicción a internet es crucial para promover un uso sano y equilibrado de internet en el mundo interconectado actual.

PREVALENCIA DE LA ADICCIÓN A INTERNET EN LA SOCIEDAD MODERNA

La prevalencia de la adicción a Internet en la sociedad moderna es una preocupación creciente que ha atraído cada vez más la atención de investigadores y profesionales de la salud mental. Con la ubicuidad de los dispositivos digitales y el acceso generalizado a Internet, las personas son más susceptibles de desarrollar pautas de uso problemáticas que pueden repercutir significativamente en su vida cotidiana. Los estudios han demostrado que la adicción a Internet se asocia a diversas consecuencias negativas, como un bajo rendimiento académico, retraimiento social y problemas de salud mental. Además, el compromiso continuo con las actividades en línea puede llevar a una pérdida de control sobre el uso de Internet, lo que tiene efectos perjudiciales sobre las relaciones personales y el bienestar general. Dado que la tecnología sigue avanzando a un ritmo vertiginoso, es crucial abordar el problema de la adicción a Internet de forma proactiva mediante intervenciones integrales e iniciativas de educación pública para mitigar sus efectos perjudiciales sobre las personas y la sociedad en su conjunto.

OBJETIVO Y ESTRUCTURA DEL ENSAYO

El objetivo de este ensayo es examinar la doble vertiente de la tecnología, centrándose específicamente en la adicción a Internet y su impacto en la sociedad actual. La estructura de este ensayo comenzará definiendo la adicción a internet y proporcionando una visión general de su prevalencia y consecuencias. A continuación, el ensayo profundizará en los factores que contribuyen al desarrollo de la adicción a internet, como las vulnerabilidades individuales y los desencadenantes ambientales. A continuación, el debate se centrará en las implicaciones sociales de la adicción a Internet, incluidos sus efectos sobre la salud mental, las relaciones y la productividad. Además, el ensayo explorará posibles soluciones e intervenciones para abordar la adicción a internet tanto a nivel individual como social. Al evaluar críticamente el fenómeno de la adicción a Internet y su impacto polifacético, este ensayo pretende proporcionar un análisis exhaustivo que contribuya al discurso actual sobre la intersección entre tecnología y sociedad.

II. PERSPECTIVA HISTÓRICA DEL USO DE INTERNET

La perspectiva histórica del uso de Internet ofrece valiosas perspectivas sobre la evolución y el impacto de la tecnología en la sociedad. Desde sus humildes comienzos en la década de 1960 como herramienta de comunicación militar hasta su adopción generalizada en la década de 1990 como red de comunicación global, Internet ha reconfigurado la forma en que las personas interactúan y acceden a la información. El rápido avance de las tecnologías de Internet ha impulsado una conectividad y accesibilidad sin precedentes, dando paso a la era de la transformación digital. Sin embargo, junto con los beneficios, han surgido retos como la adicción a Internet, que suscitan preocupación por su impacto en el bienestar de la sociedad. Comprender el contexto histórico del uso de Internet es crucial para navegar por las complejidades del arma de doble filo de la tecnología en la sociedad actual. Examinando la trayectoria histórica de Internet, los investigadores pueden comprender mejor su influencia en el comportamiento, las relaciones y la salud mental en el mundo moderno.

EVOLUCIÓN DE INTERNET

La evolución de Internet ha sido un viaje fascinante marcado por importantes avances tecnológicos e implicaciones sociales. Comenzando con el desarrollo de ARPANET en los años 60, Internet ha crecido exponencialmente, transformando la forma en que nos comunicamos, accedemos a la información y hacemos negocios. La llegada de la World Wide Web en los años 90 revolucionó Internet, permitiendo a los usuarios navegar e interactuar con contenidos a escala mundial. A medida que Internet evolucionaba, también lo hacían los retos que planteaba, incluidos los problemas de privacidad, seguridad y brecha digital. Hoy en día, con el auge de las redes sociales, el comercio electrónico y la computación en nube, Internet sigue configurando nuestra vida cotidiana de formas que no podríamos haber imaginado hace décadas. Comprender la evolución de Internet es crucial para analizar su impacto en la sociedad y abordar los riesgos y beneficios potenciales asociados a su uso.

HITOS EN LA ACCESIBILIDAD A INTERNET

Uno de los hitos significativos en la accesibilidad a Internet fue la introducción de las Pautas de Accesibilidad al Contenido en la Web (WCAG) del Consorcio World Wide Web en 1999. Estas directrices establecen normas para la accesibilidad web, garantizando que los sitios web sean utilizables por personas con discapacidad. Otro hito se produjo con la aprobación de la Ley de Estadounidenses con Discapacidades (ADA) en 1990, que establecía que las entidades públicas, incluidos los sitios web, debían ser accesibles para las personas con discapacidad. Estos hitos marcaron un cambio hacia un entorno en línea más integrador, en el que todo el mundo, independientemente de sus capacidades, pudiera tener el mismo acceso a la información y los servicios. A medida que la tecnología sigue avanzando, es crucial basarse en estos hitos y seguir mejorando la accesibilidad a Internet para crear un mundo digital verdaderamente inclusivo. Aplicando los principios del diseño universal y manteniéndonos al día sobre las directrices de accesibilidad, podemos garantizar que Internet siga siendo una herramienta de capacitación y conectividad para todas las personas.

CAMBIOS EN LA INTERACCIÓN DE LA SOCIEDAD CON LA TECNOLOGÍA

El avance de la tecnología ha provocado cambios significativos en la interacción social, sobre todo en el ámbito de la comunicación y la socialización. La proliferación de teléfonos inteligentes y plataformas de medios sociales ha transformado la forma en que las personas se conectan y se relacionan entre sí, difuminando las líneas que separan las interacciones virtuales de las físicas. A medida que la tecnología sigue evolucionando, las personas dependen cada vez más de los canales de comunicación digitales para socializar, establecer contactos e incluso formar relaciones. Este cambio ha suscitado preocupación por el impacto del tiempo excesivo frente a la pantalla en las relaciones personales y la salud mental, ya que las personas pueden dar prioridad a las conexiones virtuales sobre las interacciones cara a cara. Además, el aumento de la adicción a Internet y sus consecuencias asociadas ponen de relieve la necesidad de un examen crítico de nuestra relación cambiante con la tecnología. Mientras la sociedad lidia con las implicaciones de estos cambios, es imperativo considerar cómo podemos aprovechar los beneficios de la tecnología al tiempo que mitigamos sus posibles inconvenientes.

III. LA PSICOLOGÍA DE LA ADICCIÓN A INTERNET

La psicología que subyace a la adicción a Internet es una cuestión compleja y polifacética en la que intervienen diversos factores psicológicos. Las personas que se vuelven adictas a Internet suelen mostrar síntomas similares a los que se observan en las adicciones a sustancias tradicionales, como síntomas de abstinencia, tolerancia y dificultad para controlar su consumo. Las teorías psicológicas sugieren que la adicción a Internet puede estar relacionada con problemas subyacentes como la baja autoestima, la soledad, la depresión o la ansiedad. En algunos casos, las personas pueden utilizar Internet como mecanismo de afrontamiento para escapar de los problemas de la vida real o para satisfacer necesidades emocionales insatisfechas. Además, la gratificación instantánea y la estimulación constante que proporciona Internet pueden crear un ciclo de recompensa y refuerzo que alimenta aún más las conductas adictivas. Comprender los mecanismos psicológicos que impulsan la adicción a Internet es esencial para desarrollar estrategias eficaces de prevención y tratamiento que aborden esta creciente preocupación social.

MECANISMOS COGNITIVOS DE LA ADICCIÓN

Uno de los aspectos clave que hay que considerar al examinar la adicción a Internet son los mecanismos cognitivos que subyacen a este fenómeno. La adicción, ya esté relacionada con sustancias o con el comportamiento, suele implicar alteraciones en procesos cognitivos como el procesamiento de recompensas, la toma de decisiones y el control inhibitorio. En el contexto de la adicción a Internet, las personas pueden mostrar una mayor sensibilidad a los estímulos gratificantes en línea, lo que conduce a comportamientos compulsivos y a una incapacidad para regular su uso. Además, el deterioro de la capacidad para tomar decisiones puede contribuir a que se pase demasiado tiempo conectado, ya que los individuos pueden dar prioridad a la gratificación inmediata frente a las consecuencias a largo plazo. Además, los déficits en el control inhibitorio pueden dificultar que los individuos resistan el impulso de participar en actividades online, perpetuando aún más sus conductas adictivas. Comprender estos mecanismos cognitivos es crucial para desarrollar intervenciones y estrategias eficaces que aborden la adicción a Internet y su impacto en la sociedad actual. Al centrarse en estos procesos cognitivos, las intervenciones pueden ayudar a los individuos a recuperar el control sobre sus conductas en línea y reducir las consecuencias negativas asociadas al uso excesivo de Internet.

DESENCADENANTES EMOCIONALES DE LA PARTICIPACIÓN ONLINE

Los desencadenantes emocionales desempeñan un papel crucial a la hora de impulsar el compromiso online, moldeando el comportamiento de los individuos en la esfera digital. Entender estos desencadenantes es esencial para comprender la compleja relación entre los individuos y la tecnología. La investigación ha demostrado que emociones como el miedo, la excitación, la curiosidad y la validación social pueden influir significativamente en los niveles de participación en Internet. Por ejemplo, el miedo a perderse algo (FOMO, por sus siglas en inglés) puede llevar a las personas a consultar constantemente sus redes sociales, buscando validación y conexión con los demás. Por otra parte, los sentimientos de entusiasmo y curiosidad pueden motivar a las personas a explorar nuevas plataformas y contenidos en línea. Además, el deseo de validación y aceptación social puede llevar a los individuos a participar en actividades online excesivas en busca de la aprobación de sus iguales digitales. Profundizando en los desencadenantes emocionales que influyen en la participación online, podemos obtener valiosos conocimientos sobre los mecanismos que subyacen a la adicción a Internet y sus implicaciones para la sociedad.

PAUTAS DE COMPORTAMIENTO ASOCIADAS AL USO EXCESIVO DE INTERNET

Los patrones de conducta asociados al uso excesivo de Internet se han convertido en una preocupación importante en la sociedad actual. Los estudios han demostrado que las personas que hacen un uso excesivo de Internet suelen mostrar conductas adictivas similares a las observadas en los trastornos por abuso de sustancias. Estas personas pueden utilizar Internet de forma compulsiva, descuidando responsabilidades e interacciones sociales en favor de las actividades en línea. Además, pueden experimentar síntomas de abstinencia cuando no pueden acceder a Internet, lo que provoca un aumento de la irritabilidad y la ansiedad. Las alteraciones cognitivas, como la toma de decisiones inadecuadas y la falta de control de los impulsos, también se han relacionado con el uso excesivo de Internet. Comprender estas pautas de comportamiento es crucial para abordar el creciente problema de la adicción a Internet y su impacto en la salud mental y el bienestar social. Al identificar los comportamientos clave asociados al uso excesivo de Internet, los investigadores pueden desarrollar estrategias de intervención eficaces para ayudar a las personas a recuperar el control sobre sus hábitos en línea y mejorar su calidad de vida en general.

IV. DEMOGRAFÍA DE LA ADICCIÓN A INTERNET

La demografía de los individuos afectados por la adicción a Internet desempeña un papel crucial para comprender el impacto de este fenómeno en la sociedad actual. Las investigaciones indican que determinados factores demográficos, como la edad, el sexo y el nivel socioeconómico, están correlacionados con una mayor probabilidad de desarrollar adicción a Internet. Por ejemplo, los adultos jóvenes y los adolescentes son más vulnerables a la adicción a Internet debido a su mayor acceso a la tecnología y a las plataformas de los medios sociales. Además, los estudios sugieren que los varones tienen más probabilidades de sufrir adicción a Internet que las mujeres. Por otra parte, las personas de entornos socioeconómicos más bajos pueden tener un mayor riesgo de desarrollar adicción a Internet, ya que pueden utilizar Internet como forma de escape o mecanismo de supervivencia. Examinando la demografía de la adicción a Internet, los investigadores pueden desarrollar intervenciones específicas para prevenir y abordar este problema creciente en la sociedad.

GRUPOS DE EDAD MÁS AFECTADOS

La edad es un factor crucial para determinar a quién afecta más la adicción a Internet. Las investigaciones indican que los adolescentes y los adultos jóvenes son los grupos de edad más vulnerables a desarrollar patrones problemáticos de uso de Internet. Esta susceptibilidad puede atribuirse a los mayores niveles de integración de la tecnología en sus vidas, combinados con los retos de establecer la identidad y hacer frente a las presiones sociales durante esta etapa de desarrollo. La adolescencia es un periodo crítico para el crecimiento emocional y psicológico, por lo que los jóvenes adultos son más propensos a buscar consuelo o distracción en actividades online. Además, la naturaleza omnipresente de los medios sociales y las plataformas de comunicación en línea puede exacerbar los sentimientos de soledad y aislamiento social, especialmente para los adolescentes que pueden tener dificultades para establecer relaciones significativas fuera de la red. Por ello, comprender las vulnerabilidades específicas de estos grupos de edad es esencial para diseñar estrategias eficaces de prevención e intervención que aborden el creciente problema de la adicción a Internet en la sociedad actual.

FACTORES SOCIOECONÓMICOS QUE INFLUYEN EN LA ADICCIÓN

Los factores socioeconómicos desempeñan un papel crucial a la hora de influir en los comportamientos adictivos de la sociedad. Un estatus socioeconómico bajo se asocia a menudo con un mayor estrés, un acceso limitado a los recursos y mayores tasas de abuso de sustancias. Las personas que se enfrentan a dificultades económicas pueden recurrir a las drogas o al alcohol como mecanismo de afrontamiento, buscando un alivio temporal de sus luchas cotidianas. Además, la falta de servicios sanitarios y de salud mental asequibles en las comunidades desfavorecidas puede impedir que las personas busquen un tratamiento adecuado para sus problemas de adicción. Además, la prevalencia del abuso de sustancias en los barrios de bajos ingresos puede normalizar los comportamientos adictivos, facilitando que las personas caigan en la trampa de la adicción. Es evidente que las disparidades socioeconómicas tienen un profundo impacto en el desarrollo, la perpetuación y el tratamiento de la adicción, lo que pone de relieve la necesidad de intervenciones integrales que aborden tanto los factores individuales como los sistémicos en juego.

DIFERENCIAS DE GÉNERO EN LOS PATRONES DE USO DE INTERNET

Las diferencias de género en los patrones de uso de Internet han sido un tema de interés para los investigadores que estudian el impacto de la tecnología en la sociedad. Los estudios han demostrado que los hombres tienden a utilizar más Internet para actividades relacionadas con el trabajo, como la investigación y la comunicación, mientras que las mujeres suelen utilizarlo para las redes sociales y el entretenimiento. Esta división en el uso de Internet refleja normas y expectativas sociales más amplias en relación con los roles e intereses de género. Comprender estas pautas es crucial para abordar las posibles repercusiones de la tecnología en la igualdad de género y la dinámica social. Al reconocer y examinar estas diferencias en el uso de Internet, los investigadores pueden desarrollar intervenciones y políticas más específicas para garantizar que la tecnología beneficie a todos los miembros de la sociedad por igual. Además, explorar cómo influye el género en el comportamiento en Internet puede aportar información valiosa sobre las formas en que la tecnología puede tanto potenciar como exacerbar potencialmente las disparidades de género existentes.

V. EL PAPEL DE LAS REDES SOCIALES EN LA ADICCIÓN A INTERNET

El uso generalizado de las plataformas de medios sociales se ha identificado como un factor que contribuye al desarrollo de la adicción a Internet entre las personas. Las redes sociales proporcionan un flujo constante de información, actualizaciones y notificaciones que pueden conducir fácilmente a un uso compulsivo y a una sensación de FOMO (miedo a perderse algo). La naturaleza interactiva de las redes sociales, junto con funciones como "me gusta", "compartir" y "comentar", desencadenan la liberación de dopamina en el cerebro, reforzando las conductas adictivas. Los estudios han demostrado una fuerte relación entre el uso excesivo de las redes sociales y los síntomas de la adicción a Internet, como el síndrome de abstinencia, la tolerancia y la preocupación. Además, la presión para presentar una versión idealizada de uno mismo en Internet puede provocar sentimientos de inadecuación y ansiedad, alimentando aún más la necesidad de validación a través de las interacciones en las redes sociales. Por ello, comprender el papel de los medios sociales en la adicción a Internet es crucial para abordar las implicaciones negativas de la tecnología en la salud mental de la sociedad actual.

IMPACTO DE LAS REDES SOCIALES

El impacto de las redes sociales en la sociedad actual es profundo y polifacético. Por un lado, estas plataformas brindan a las personas la oportunidad de conectarse y comunicarse con otras a través de grandes distancias, fomentando las relaciones y creando comunidades. Los sitios de redes sociales también sirven como valiosas herramientas para la creación de redes empresariales, el marketing y el desarrollo profesional. Sin embargo, en el lado opuesto, el uso excesivo de estas plataformas se ha relacionado con diversos resultados negativos, como la disminución del bienestar mental, la reducción de las interacciones cara a cara e incluso la adicción. La exposición constante a imágenes curadas y versiones idealizadas de la vida en las redes sociales puede provocar sentimientos de inadecuación y una menor autoestima entre los usuarios. Por tanto, es esencial comprender la naturaleza de doble filo de las redes sociales y las implicaciones que tienen en la salud mental y la dinámica social de las personas en la era digital actual.

LOS MEDIOS SOCIALES COMO PLATAFORMA DE COMPARACIÓN Y VALIDACIÓN

Las redes sociales se han convertido en una plataforma omnipresente de comparación y validación en la sociedad actual. A menudo, los usuarios se encuentran comparando constantemente sus vidas, su aspecto y sus logros con los de otras personas que aparecen en las redes sociales. Este flujo constante de comparaciones puede provocar sentimientos de inadecuación, baja autoestima y un sentido distorsionado de la realidad. Al mismo tiempo, las redes sociales ofrecen la oportunidad de validación a través de "me gusta", comentarios y comparticiones, que pueden servir como fuente de validación y afirmación para las personas que buscan la aprobación de sus iguales. Sin embargo, esta validación suele ser efímera y puede crear un ciclo de búsqueda de validación externa para sentirse digno. Es importante que las personas sean conscientes del impacto que las redes sociales pueden tener en su bienestar mental y que den prioridad a la autovalidación y la autoaceptación frente a la búsqueda de validación de fuentes externas.

EL BUCLE DE RETROALIMENTACIÓN DE LA PARTICIPACIÓN EN LOS MEDIOS SOCIALES

El bucle de retroalimentación de la participación en los medios sociales desempeña un papel crucial en el fenómeno de la adicción a Internet y su impacto en la sociedad actual. Comenzando con la interacción inicial del individuo con las redes sociales, el bucle de retroalimentación se inicia cuando recibe "me gusta", comentarios y comparticiones de sus publicaciones. Este refuerzo positivo conduce a un mayor compromiso con la plataforma, ya que el individuo busca más validación y gratificación. A medida que este ciclo continúa, puede llegar a un punto en el que el individuo se vuelva dependiente de las redes sociales para su autoestima. En el contexto de la adicción a Internet, este bucle de retroalimentación perpetúa un ciclo de comportamiento compulsivo y puede tener efectos perjudiciales sobre la salud mental y las relaciones sociales. Por tanto, comprender el bucle de retroalimentación de la participación en las redes sociales es crucial para abordar el problema más amplio de la adicción a la tecnología en la sociedad.

VI. JUEGO ONLINE Y ADICCIÓN A INTERNET

El auge de los juegos en línea ha suscitado una creciente preocupación por la adicción a Internet y su impacto en las personas de la sociedad actual. Con el aumento de la accesibilidad y la naturaleza inmersiva de los juegos en línea, muchas personas pasan un tiempo excesivo absortas en mundos virtuales, lo que tiene consecuencias negativas en su vida personal y profesional. La investigación ha demostrado que la adicción a Internet, incluida la adicción a los juegos, puede tener efectos perjudiciales en la salud mental, el bienestar físico y las relaciones sociales. Además, las personas que luchan contra la adicción a Internet pueden tener dificultades para controlar sus impulsos, dar prioridad a las actividades en línea sobre las responsabilidades de la vida real y presentar síntomas de abstinencia cuando no pueden acceder a Internet. Por ello, es crucial que los profesionales sanitarios, los responsables políticos y el público en general reconozcan la gravedad de la adicción a Internet y trabajen para aplicar estrategias de prevención e intervención que aborden este problema creciente.

POPULARIDAD DE LOS JUEGOS MULTIJUGADOR MASIVOS ONLINE

La popularidad de los Juegos Online Multijugador Masivos (JOMM) ha experimentado un crecimiento exponencial en los últimos años, con millones de jugadores de todo el mundo participando en aventuras y competiciones virtuales. Este aumento puede atribuirse a varios factores, como la creciente accesibilidad de las conexiones a Internet de alta velocidad, el desarrollo de sofisticadas plataformas de juego y el aspecto social de jugar con amigos o conocer a nuevas personas en línea. Los JOMM ofrecen una experiencia única que permite a los jugadores sumergirse en mundos virtuales cautivadores, con argumentos complejos, misiones desafiantes y la oportunidad de interactuar con otros jugadores en tiempo real. La naturaleza adictiva de estos juegos está alimentada por el deseo constante de subir de nivel, adquirir objetos raros y alcanzar un estatus virtual dentro de la comunidad de jugadores. Los investigadores han expresado su preocupación por el posible impacto negativo del juego excesivo a JOMM en la salud mental de las personas, lo que subraya la necesidad de una mayor investigación y concienciación para abordar la adicción a Internet en la sociedad actual.

RECOMPENSAS PSICOLÓGICAS EN EL JUEGO

La investigación ha demostrado que los juegos pueden proporcionar diversas recompensas psicológicas a los jugadores. Estas recompensas incluyen una sensación de logro, satisfacción y dominio al completar tareas desafiantes dentro del juego. Esto puede aumentar la autoestima y la confianza, lo que puede traducirse en un mejor rendimiento en situaciones de la vida real. Además, el juego también puede ofrecer una vía de escape de las tensiones cotidianas y proporcionar una forma de relajación y entretenimiento. Para algunos individuos, el juego sirve como medio de conexión social, permitiéndoles interactuar con otros en comunidades online y establecer relaciones. Sin embargo, es esencial reconocer que el juego excesivo puede provocar adicción y consecuencias negativas para la salud mental. Al comprender las recompensas psicológicas del juego y sus posibles repercusiones, los investigadores pueden desarrollar estrategias para promover un equilibrio saludable en la participación en actividades de juego.

ESTUDIOS DE CASOS DE ADICCIÓN AL JUEGO

Un área de interés en el estudio de la adicción a Internet es el fenómeno de la adicción a los juegos, que se reconoce cada vez más como un problema importante en la sociedad actual. Los estudios de casos de personas que luchan contra la adicción a los juegos han revelado los efectos perjudiciales que puede tener en su bienestar mental, físico y social. Estos estudios de casos proporcionan información valiosa sobre los factores subyacentes que contribuyen a la adicción al juego, como la soledad, la depresión y la baja autoestima. Examinando estos casos en profundidad, los investigadores pueden comprender mejor las complejidades de la adicción al juego y desarrollar intervenciones específicas para abordar este creciente problema. Además, el análisis de estos estudios de casos también puede ayudar a identificar patrones comunes y factores de riesgo asociados a la adicción al juego, lo que permitirá desarrollar estrategias de prevención y tratamiento más eficaces. La exploración de estudios de casos de adicción a los juegos es esencial para obtener una comprensión global del impacto de la tecnología en la vida de las personas y en la sociedad en su conjunto.

VII. CIBERRELACIONES Y DEPENDENCIA EMOCIONAL

Las ciberrelaciones son cada vez más frecuentes en la sociedad actual, ya que ofrecen a las personas la oportunidad de conectar con otras en una plataforma virtual. Sin embargo, esta conectividad digital también ha generado preocupación por la dependencia emocional. Las investigaciones sugieren que las personas que mantienen relaciones en línea pueden desarrollar un sentimiento de dependencia emocional de sus conexiones digitales, lo que puede conducir a una falta de satisfacción emocional en las interacciones cara a cara. Esto puede ser especialmente problemático cuando los individuos dan prioridad a sus relaciones online sobre las conexiones en la vida real, lo que provoca retraimiento social y aislamiento. Además, la naturaleza instantánea de la comunicación en las ciberrelaciones puede facilitar el desarrollo de vínculos emocionales intensos que podrían exacerbar los sentimientos de dependencia. A medida que la tecnología sigue avanzando, es crucial reconocer el impacto potencial de las ciberrelaciones en el bienestar emocional y establecer límites para mantener un equilibrio saludable entre las conexiones virtuales y las del mundo real.

FORMACIÓN DE RELACIONES ONLINE

La formación de relaciones en línea es cada vez más habitual en la sociedad digital actual, en la que las personas se conectan y establecen vínculos sociales a través de diversas plataformas en línea. Estas relaciones pueden ir desde amistades ocasionales hasta conexiones más íntimas, que a menudo trascienden los límites geográficos y las zonas horarias. El atractivo de entablar relaciones por Internet reside en la comodidad y accesibilidad que ofrece, ya que permite a las personas interactuar con otras desde la comodidad de sus hogares. Sin embargo, la facilidad de entablar relaciones en línea también puede plantear retos, como la dificultad de discernir la autenticidad y sinceridad de las interacciones. Esta dualidad de las relaciones online subraya la necesidad de que las personas actúen con cautela y discernimiento al establecer conexiones en el ámbito digital, así como la importancia de cultivar y mantener relaciones auténticas tanto online como offline. Comprender la dinámica de las relaciones online es crucial para navegar por las complejidades de las interacciones sociales modernas en un mundo impulsado por la tecnología.

LA INVERSIÓN EMOCIONAL EN LAS INTERACCIONES VIRTUALES

En la era digital actual, el fenómeno de la inversión emocional en las interacciones virtuales se ha hecho cada vez más prevalente y consecuente. Los individuos forman ahora profundas conexiones con otros en línea a través de plataformas de medios sociales, comunidades de juegos en línea y entornos de realidad virtual. Esta inversión emocional está alimentada por la necesidad humana de conexión y pertenencia, lo que lleva a la difuminación de los límites entre los mundos físico y digital. Sin embargo, esta creciente dependencia de las interacciones virtuales conlleva su propio conjunto de retos e implicaciones. Las investigaciones sugieren que una inversión emocional excesiva en interacciones virtuales puede conducir a la adicción a Internet, al aislamiento social y a un declive de las relaciones en el mundo real. Por ello, es imperativo que la sociedad reconozca la doble naturaleza de la tecnología y su impacto en el bienestar individual. Alcanzar un equilibrio entre las interacciones virtuales y físicas es esencial para navegar por las complejidades de la conectividad moderna.

CONSECUENCIAS DE LAS CIBERRELACIONES EN LAS HABILIDADES SOCIALES DE LA VIDA REAL

Las consecuencias de las ciberrelaciones en las habilidades sociales de la vida real son una cuestión compleja y polifacética que requiere un examen cuidadoso. Mientras que algunos sostienen que las interacciones en línea pueden mejorar las habilidades sociales al proporcionar a los individuos la oportunidad de practicar la comunicación en un entorno de baja presión, otros sugieren que una dependencia excesiva de la comunicación digital puede conducir a un deterioro de las habilidades sociales cara a cara. Las investigaciones indican que las personas que dedican mucho tiempo a las ciberrelaciones pueden tener problemas con las señales no verbales, la inteligencia emocional y la resolución de conflictos en las interacciones de la vida real. Esto puede tener implicaciones de gran alcance para las relaciones personales, el éxito profesional y el bienestar general. A medida que la tecnología sigue moldeando la forma en que nos comunicamos e interactuamos con los demás, es crucial comprender el impacto de las ciberrelaciones en las habilidades sociales de la vida real y desarrollar estrategias para promover interacciones sociales sanas y equilibradas en la era digital.

VIII. INTERNET COMO FUENTE DE INFORMACIÓN

En la era moderna, Internet se ha convertido en una fuente primaria de información para personas de todo el mundo. Su accesibilidad sin parangón y su amplia gama de recursos la convierten en una valiosa herramienta de investigación y comunicación. Sin embargo, la dependencia de Internet como fuente de información plantea dudas sobre la calidad y fiabilidad de la información que se consume. El mero volumen de datos disponibles en línea puede ser abrumador, lo que provoca dificultades para discernir la información exacta de la desinformación. Este reto se ve exacerbado por el aumento de noticias falsas y fuentes sesgadas que pueden difundirse fácilmente a través de plataformas en línea. Por ello, es imperativo que las personas desarrollen habilidades de pensamiento crítico y empleen el discernimiento cuando navegan por Internet en busca de información. De este modo, los usuarios pueden cribar eficazmente el vasto mar de datos para acceder a fuentes fiables y dignas de confianza, maximizando así los beneficios de Internet como fuente de información y minimizando los riesgos asociados a la desinformación.

LA SOBRECARGA DE INFORMACIÓN DISPONIBLE

En la era digital actual, la abrumadora cantidad de información disponible al alcance de la mano plantea un reto importante en términos de sobrecarga informativa. Con la gran cantidad de recursos en línea, plataformas de redes sociales y medios de noticias que bombardean constantemente a las personas con información, es fácil sentirse inundado y abrumado. Esta sobrecarga de información disponible puede provocar problemas como sobrecarga cognitiva, disminución de la productividad y dificultad en la toma de decisiones. El mero volumen de datos puede dificultar que las personas disciernan qué información es relevante y precisa, lo que conduce a una sensación de confusión y desorientación. A medida que la tecnología sigue avanzando y la información se hace cada vez más accesible, es crucial que las personas desarrollen estrategias eficaces para filtrar y evaluar la información que encuentran, a fin de evitar los efectos negativos de la sobrecarga de información sobre su bienestar cognitivo y su funcionamiento general en la sociedad actual.

DESAFÍOS A LA HORA DE DISCERNIR INFORMACIÓN FIABLE

En el ámbito de la adicción a Internet y su impacto en la sociedad actual, uno de los principales retos a los que se enfrentan los investigadores es discernir la información fiable en medio del vasto mar de contenidos digitales. Con la proliferación de noticias falsas, desinformación y fuentes sesgadas en línea, distinguir las fuentes creíbles de las poco fiables se ha convertido en una tarea de enormes proporciones. La disponibilidad de información a nuestro alcance ha dado lugar a una cantidad abrumadora de datos, lo que dificulta separar los hechos de la ficción. Además, la rápida difusión de información en Internet puede llevar a la amplificación de falsedades, creando una cultura de desinformación difícil de combatir. Mientras los investigadores se esfuerzan por descubrir los verdaderos efectos de la adicción a Internet en las personas y la sociedad, navegar por la red de información poco fiable supone un obstáculo importante que debe abordarse con cautela y análisis crítico.

LA PARADOJA DE LA ELECCIÓN EN LA ERA DIGITAL

La paradoja de la elección en la era digital se deriva de la abundancia de opciones disponibles para las personas en prácticamente todos los aspectos de su vida. Aunque disponer de numerosas opciones puede ser fortalecedor, también puede conducir a la parálisis por la toma de decisiones, la ansiedad y la insatisfacción. En el ámbito de la tecnología, Internet ofrece una abrumadora variedad de productos, servicios e información, lo que dificulta la toma de decisiones informadas. Este fenómeno se ve exacerbado por los algoritmos de personalización utilizados por las empresas tecnológicas, que adaptan aún más las opciones a las preferencias individuales, creando una burbuja de filtros que limita la exposición a puntos de vista alternativos. Como resultado, los individuos pueden encontrarse atrapados en un ciclo de consumo y comparación excesivos, que conduce a una sensación de inadecuación y frustración. Comprender y abordar la paradoja de la elección es crucial para mitigar el impacto negativo de la adicción a Internet sobre los individuos y la sociedad en su conjunto.

IX. INTERNET Y LA PRODUCTIVIDAD LABORAL

El impacto de Internet en la productividad laboral es un tema que preocupa cada vez más en la sociedad actual. Aunque Internet ha revolucionado nuestra forma de trabajar, proporcionándonos acceso a una gran cantidad de información y recursos al alcance de la mano, también ha introducido nuevos retos que pueden obstaculizar la productividad. Uno de los principales problemas es la tentación de la conectividad constante, ya que los empleados a menudo tienen dificultades para desconectar del trabajo fuera de las horas de oficina. Esto puede provocar agotamiento y disminución de la productividad a largo plazo. Además, el fácil acceso a las distracciones en Internet, como las redes sociales y los sitios de entretenimiento, puede restar aún más concentración y eficacia al trabajo. Por tanto, es crucial que las organizaciones establezcan límites y promuevan un equilibrio saludable entre la vida laboral y personal para garantizar que los beneficios de Internet no superen su impacto negativo en la productividad laboral.

INTERNET COMO HERRAMIENTA DE EFICACIA

Internet se ha convertido en una herramienta inestimable para aumentar la eficacia en diversos aspectos de la sociedad moderna. En la era digital actual, Internet facilita la comunicación, la colaboración y el intercambio de información sin fisuras, lo que permite a las organizaciones agilizar sus operaciones y mejorar la productividad. Aprovechando las plataformas en línea, las empresas pueden automatizar tareas repetitivas, acceder a datos en tiempo real y conectar con los mercados mundiales, lo que permite ahorrar costes y mejorar el rendimiento. Además, Internet permite a las personas acceder a una gran cantidad de recursos, como cursos en línea, artículos de investigación y redes profesionales, que pueden mejorar sus habilidades y conocimientos. Sin embargo, aunque Internet ofrece numerosas ventajas en términos de eficiencia, es crucial reconocer los posibles inconvenientes, como la sobrecarga de información, las distracciones y los riesgos de ciberseguridad, que pueden derivarse de una dependencia excesiva de las herramientas digitales. Por lo tanto, es esencial que las personas y las organizaciones encuentren un equilibrio entre la utilización de Internet en aras de la eficacia y la gestión de sus posibles efectos negativos.

DISTRACCIONES Y MULTITAREA ONLINE

Las distracciones y la multitarea en línea plantean importantes retos en la sociedad actual, especialmente en el ámbito académico y de la investigación. El bombardeo constante de notificaciones, correos electrónicos y actualizaciones de las redes sociales puede desviar la atención y obstaculizar la productividad. Los estudios han demostrado que la multitarea puede reducir la eficacia y disminuir la calidad del trabajo realizado. En el contexto de la investigación, la capacidad de concentrarse en una sola tarea y profundizar en un tema es crucial para generar nuevas ideas y contribuir al conocimiento. Por lo tanto, es esencial que los investigadores desarrollen estrategias para minimizar las distracciones y priorizar las tareas de forma eficaz. Técnicas como el bloqueo del tiempo, el establecimiento de periodos específicos para el trabajo centrado y la utilización de herramientas de productividad pueden ayudar a las personas a gestionar las distracciones y mejorar su rendimiento en la investigación. Al reconocer los efectos perjudiciales de la multitarea en línea, los investigadores pueden esforzarse por cultivar un entorno de trabajo más centrado y productivo.

IMPACTO EN EL EQUILIBRIO TRABAJO-VIDA PRIVADA

El impacto de la adicción a Internet en el equilibrio entre la vida laboral y personal es una cuestión crítica a la que se enfrenta la sociedad actual. El uso excesivo de la tecnología puede desdibujar los límites entre el trabajo y la vida personal, haciendo que las personas luchen por mantener un equilibrio saludable. Este desequilibrio puede provocar un aumento del estrés, agotamiento y disminución de la productividad en el lugar de trabajo, ya que a las personas les resulta difícil desconectar de sus dispositivos digitales. Además, la conectividad constante que ofrece la tecnología puede provocar sentimientos de presión abrumadora por estar siempre disponible, lo que dificulta que las personas participen plenamente en actividades de ocio o pasen tiempo de calidad con sus seres queridos. En consecuencia, abordar los efectos negativos de la adicción a Internet en el equilibrio entre la vida laboral y personal es crucial para promover el bienestar general y la productividad en el mundo actual, acelerado y digitalizado.

X. IMPLICACIONES EDUCATIVAS DE LA ADICCIÓN A INTERNET

Las implicaciones educativas de la adicción a Internet son una preocupación creciente en la sociedad actual. A medida que más y más personas, incluidos los estudiantes, se vuelven dependientes de Internet para informarse y comunicarse, los efectos negativos de esta adicción sobre el rendimiento académico se hacen evidentes. Las investigaciones han demostrado que los estudiantes adictos a Internet suelen tener problemas con la gestión del tiempo, lo que les lleva a procrastinar y a disminuir su productividad. Esto puede dar lugar a malas notas, menor motivación y falta de concentración en el aula. Además, la adicción a Internet también puede tener efectos perjudiciales en las habilidades sociales y el bienestar general de los estudiantes, lo que afecta aún más a su capacidad para tener éxito académico. Por tanto, es crucial que los educadores sean conscientes de los signos de la adicción a Internet y apliquen estrategias para abordar este problema, con el fin de ayudar a los estudiantes a alcanzar su potencial académico y su éxito general.

APRENDIZAJE ONLINE Y COMPROMISO DE LOS ESTUDIANTES

El compromiso de los estudiantes en el aprendizaje en línea ha sido un tema de gran interés y preocupación en los últimos años, a medida que sigue creciendo el cambio hacia plataformas digitales para la educación. Aunque el aprendizaje online ofrece comodidad y flexibilidad a los estudiantes, también puede plantear retos en cuanto al mantenimiento de altos niveles de compromiso. Deben aplicarse estrategias eficaces para mantener a los estudiantes activamente implicados en sus cursos en línea, como la incorporación de elementos interactivos, el fomento de un sentido de comunidad mediante foros de debate, y la facilitación de comentarios oportunos sobre las tareas. La investigación ha demostrado que los estudiantes comprometidos tienen más probabilidades de éxito académico y sienten una mayor conexión con su experiencia de aprendizaje. Por lo tanto, es crucial que los educadores den prioridad a la participación de los alumnos en los entornos de aprendizaje en línea, para garantizar que los alumnos se impliquen plenamente en su viaje educativo y puedan alcanzar todo su potencial.

DISTRACCIÓN Y RENDIMIENTO ACADÉMICO

La distracción se ha convertido en un problema frecuente en la sociedad actual, sobre todo entre los estudiantes, que afecta a su rendimiento académico. El acceso constante a la tecnología, como los teléfonos inteligentes y las redes sociales, ha provocado un aumento de las distracciones a las que se enfrentan los estudiantes mientras estudian o en el aula. Estas distracciones no sólo afectan a su capacidad para concentrarse y retener información, sino que también dificultan sus logros académicos en general. Las investigaciones han demostrado que los estudiantes que se distraen fácilmente con la tecnología tienden a sacar peores notas y a tener dificultades para cumplir las expectativas académicas. Por tanto, es crucial abordar el problema de la distracción y encontrar estrategias eficaces para minimizar su impacto en el rendimiento académico de los estudiantes. Al comprender los efectos negativos de las distracciones en el éxito académico, los educadores y los responsables políticos pueden trabajar para crear un entorno de aprendizaje más propicio que fomente la concentración y mejore los resultados del aprendizaje.

LA BRECHA DIGITAL EN LA EDUCACIÓN

La brecha digital en la educación sigue siendo un problema acuciante en la sociedad actual, en la que las disparidades en el acceso a la tecnología y en las capacidades de alfabetización digital ensanchan la brecha entre las poblaciones privilegiadas y las marginadas. A medida que la tecnología sigue desempeñando un papel vital en la educación, quienes carecen de los recursos o la formación adecuados se encuentran en una situación de desventaja significativa. Esto no sólo afecta al rendimiento académico, sino que también obstaculiza las oportunidades de éxito futuro en la era digital. Superar esta brecha requiere intervenciones específicas tanto a nivel individual como sistémico, como proporcionar un acceso equitativo a los dispositivos y a la conectividad a Internet, así como poner en marcha programas integrales de alfabetización digital. Al abordar estas cuestiones, podemos trabajar para crear un entorno educativo más inclusivo e igualitario que capacite a todos los estudiantes para prosperar en un mundo impulsado por la tecnología. Es imprescindible que los responsables políticos, los educadores y las partes interesadas colaboren para garantizar que nadie se quede atrás en la era digital.

XI. IMPACTO ECONÓMICO DE LA ADICCIÓN A INTERNET

El impacto económico de la adicción a Internet es una preocupación importante en la sociedad actual. Las personas que luchan contra la adicción a Internet suelen experimentar un descenso de la productividad, lo que conduce a una disminución del rendimiento laboral y a la posible pérdida del puesto de trabajo. Los empresarios también pueden incurrir en costes relacionados con el absentismo, la disminución de la concentración y el aumento de los gastos sanitarios de los empleados que luchan contra esta adicción. Además, el uso excesivo de las compras por Internet, los juegos o las redes sociales puede provocar tensiones económicas, ya que las personas pueden gastar cantidades desorbitadas de dinero en estas actividades, lo que les lleva a endeudarse y a sufrir inseguridad económica. Las consecuencias económicas de la adicción a Internet pueden ir más allá del nivel individual y afectar a las empresas, los sistemas sanitarios y el crecimiento económico general. Por tanto, es imperativo que los responsables políticos, los empresarios y los profesionales sanitarios aborden las ramificaciones económicas de la adicción a Internet y apliquen estrategias para mitigar su impacto en la economía.

COSTE PARA LOS EMPRESARIOS DE LA REDUCCIÓN DE LA PRODUCTIVIDAD

En la sociedad actual, los empresarios se enfrentan a importantes costes derivados de la reducción de la productividad debida a la adicción a Internet. Los empleados que pasan demasiado tiempo en Internet realizando actividades no relacionadas con el trabajo pueden experimentar una disminución de la eficacia, una mala gestión del tiempo y falta de concentración en las tareas laborales. Esto puede llevar a incumplir plazos, cometer errores en el trabajo y, en general, a obtener resultados de menor calidad. Como resultado, los empresarios pueden tener que invertir en recursos adicionales para compensar la pérdida de productividad, como contratar trabajadores temporales o proporcionar formación adicional a los empleados con dificultades. Además, el impacto negativo de la adicción a Internet en la moral y el trabajo en equipo de los empleados puede obstaculizar aún más la productividad en el lugar de trabajo. En última instancia, el coste que supone para los empresarios la reducción de la productividad causada por la adicción a Internet pone de relieve la necesidad de estrategias eficaces para abordar y prevenir este problema en la mano de obra moderna.

EL MERCADO DE LA ECONOMÍA DE LA ATENCIÓN

El mercado de la economía de la atención ha cobrado cada vez más importancia en la era digital actual, en la que los individuos son bombardeados con flujos interminables de información que compiten por su atención. Con el auge de las redes sociales, la publicidad online y el consumo de contenidos, la atención se ha convertido en un bien valioso por el que compiten tanto empresas como individuos. Este mercado de la economía de la atención ha dado lugar a la proliferación del clickbait, los contenidos sensacionalistas y los comportamientos adictivos en línea destinados a captar y mantener la atención de los usuarios. Como resultado, la adicción a Internet se ha convertido en una preocupación creciente, con personas que pasan un tiempo excesivo en línea, a menudo en detrimento de su bienestar físico y mental. Comprender la dinámica de la economía de la atención y su impacto en la sociedad es crucial para abordar el omnipresente problema de la adicción a Internet y promover hábitos digitales saludables entre las personas.

IMPLICACIONES FINANCIERAS PARA LOS PARTICULARES

Las implicaciones económicas para las personas afectadas por la adicción a Internet pueden ser importantes y polifacéticas. Desde un punto de vista psicológico, la necesidad compulsiva de estar conectado puede provocar una disminución de la productividad, con la consiguiente pérdida potencial de empleo o una disminución del rendimiento académico. Esto puede repercutir directamente en los ingresos y la estabilidad económica de una persona. Además, los comportamientos excesivos de compra o juego por Internet pueden suponer una carga económica considerable, ya que el individuo puede acumular deudas o gastar por encima de sus posibilidades. El coste de buscar tratamiento para la adicción a Internet, como terapia o asesoramiento, también puede acumularse con el tiempo. Además, la necesidad constante de la última tecnología o de aparatos para alimentar la adicción puede poner a prueba la economía. En conclusión, la adicción a Internet puede tener efectos perjudiciales para el bienestar económico de una persona, lo que pone de manifiesto la necesidad de una mayor concienciación y apoyo para gestionar este problema.

XII. CONSECUENCIAS PARA LA SALUD DEL USO EXCESIVO DE INTERNET

El uso excesivo de Internet se ha relacionado con una serie de consecuencias para la salud que pueden afectar a las personas de diversas maneras. Los problemas de salud física, como la mala postura, la fatiga visual y los dolores de cabeza, son frecuentes entre quienes pasan muchas horas delante de una pantalla. Además, el uso excesivo de Internet se ha relacionado con trastornos del sueño, y la alteración de los patrones de sueño afecta al bienestar general y a la función cognitiva. Además, los efectos psicológicos de la adicción a Internet pueden ser profundos, contribuyendo a aumentar los niveles de estrés, ansiedad y depresión. Estos problemas de salud mental no sólo pueden mermar la calidad de vida, sino también provocar aislamiento social y disminución de la productividad. Es crucial que los investigadores y los profesionales sanitarios reconozcan las implicaciones negativas para la salud asociadas al uso excesivo de Internet y desarrollen estrategias eficaces de prevención e intervención para fomentar comportamientos en línea más saludables y el bienestar general en la sociedad actual.

RIESGOS PARA LA SALUD FÍSICA

Los riesgos para la salud física asociados a la adicción a Internet son una preocupación creciente en la sociedad actual. El tiempo excesivo frente a la pantalla y el comportamiento sedentario vinculados a la adicción a Internet pueden provocar una serie de problemas de salud, como obesidad, problemas musculoesqueléticos y trastornos del sueño. Las investigaciones han demostrado que permanecer sentado durante mucho tiempo mientras se utilizan dispositivos electrónicos puede aumentar el riesgo de desarrollar enfermedades crónicas como cardiopatías, diabetes e hipertensión. Además, la luz azul emitida por las pantallas puede alterar el ritmo circadiano, afectando a la calidad del sueño y al bienestar general. Estos riesgos para la salud física no sólo afectan a las personas que luchan contra la adicción a Internet, sino que también tienen implicaciones sociales más amplias. Abordar estos problemas requiere un enfoque polifacético que incluya el fomento de la actividad física, la aplicación de límites de tiempo de pantalla y la concienciación sobre las posibles consecuencias del uso excesivo de Internet para la salud. Reconociendo y abordando estos riesgos, podemos trabajar para crear una relación más sana y equilibrada con la tecnología.

PROBLEMAS DE SALUD MENTAL

Los problemas de salud mental derivados de la adicción a Internet son un problema importante en la sociedad actual. El uso constante de la tecnología puede provocar ansiedad, depresión y otros trastornos mentales. Esta adicción puede hacer que las personas se aíslen, descuiden sus responsabilidades y experimenten cambios de humor. También afecta a sus relaciones y a su bienestar general. Además, la presión de estar constantemente conectado a Internet puede elevar los niveles de estrés y provocar agotamiento. Las investigaciones demuestran que el uso excesivo de Internet puede cambiar las estructuras cerebrales y las vías neuronales, contribuyendo a problemas de salud mental. Para abordar este problema, es esencial promover las desintoxicaciones digitales, las prácticas de atención plena y los hábitos tecnológicos saludables. Reconociendo el impacto de la tecnología en la salud mental y aplicando estrategias para mitigar los efectos negativos, las personas pueden recuperar el control sobre su bienestar y su calidad de vida en general.

TRASTORNOS DEL SUEÑO Y ADICCIÓN A INTERNET

Investigaciones recientes han puesto de manifiesto una relación preocupante entre los trastornos del sueño y la adicción a Internet, destacando el impacto negativo del tiempo excesivo frente a la pantalla en el bienestar general de las personas. La proliferación de dispositivos digitales ha provocado un cambio cultural, y muchas personas pasan muchas horas conectadas, a menudo a expensas de un sueño adecuado. La mala calidad del sueño y la alteración de los patrones de sueño pueden contribuir al desarrollo y la exacerbación de la adicción a Internet, creando un círculo vicioso perjudicial para la salud mental y física. Comprender la compleja interacción entre los trastornos del sueño y la adicción a Internet es crucial para desarrollar estrategias eficaces de prevención e intervención. Al abordar los problemas subyacentes del sueño y promover hábitos saludables de uso de la tecnología, las personas pueden gestionar mejor sus comportamientos en línea y mitigar el riesgo de adicción a Internet. Mediante la investigación y la colaboración interdisciplinarias, podemos trabajar para fomentar una relación equilibrada con la tecnología en la sociedad actual.

XIII. ADICCIÓN A INTERNET Y LAS RELACIONES PERSONALES

La adicción a Internet puede tener un profundo impacto en las relaciones personales en la sociedad actual. Las personas que luchan contra la adicción a Internet pueden dar prioridad a las interacciones online sobre la comunicación cara a cara, lo que provoca tensiones en las relaciones con amigos, familiares y parejas sentimentales. Este fenómeno puede provocar sentimientos de aislamiento, desconfianza y abandono entre los afectados por el uso excesivo de Internet. Además, la necesidad constante de validación y compromiso online puede restar calidad a las interacciones en persona, dificultando el desarrollo de conexiones emocionales fuertes. Como resultado, las relaciones pueden adolecer de falta de intimidad, comunicación y conexión genuina. Es esencial que las personas con adicción a Internet reconozcan las consecuencias negativas que puede tener en sus relaciones personales y busquen ayuda para cultivar interacciones más sanas y satisfactorias con quienes les rodean.

IMPACTO EN LA DINÁMICA FAMILIAR

El impacto de la adicción a Internet en la dinámica familiar es una cuestión crítica que merece atención en la sociedad actual. A medida que los individuos se consumen por sus actividades en línea, los papeles y responsabilidades tradicionales dentro de las familias pueden verse alterados. Los padres pueden tener dificultades para establecer límites con sus hijos, ya que los dispositivos y las pantallas se convierten en compañeros constantes. Las relaciones entre hermanos pueden ser tensas, ya que la atención y el tiempo se desvían a las interacciones virtuales en lugar de a las conexiones de la vida real. Además, el aumento del ciberacoso y de los depredadores online supone una amenaza importante para la seguridad y el bienestar de los miembros de la familia. Estos retos pueden provocar un aumento de los conflictos, una disminución de la comunicación y una ruptura de la confianza dentro de la unidad familiar. Es imperativo que los investigadores y los responsables políticos aborden estas cuestiones de forma integral para proteger los cimientos de la sociedad: la familia.

RELACIONES ROMÁNTICAS E INFIDELIDAD ONLINE

Las relaciones románticas en la era digital se han visto significativamente afectadas por la prevalencia de la infidelidad online. Con la facilidad de acceso a diversas plataformas y medios sociales, los individuos son más susceptibles de involucrarse en aventuras extramatrimoniales o conexiones emocionales fuera de su relación principal. El anonimato y la comodidad que proporciona Internet crean un caldo de cultivo para que prospere la infidelidad, con individuos que buscan satisfacción emocional y excitación fuera de sus parejas comprometidas. Este cambio en la dinámica de las relaciones románticas plantea problemas de confianza, comunicación y límites en la sociedad moderna. Las parejas deben superar estos retos fomentando el diálogo abierto, estableciendo expectativas claras y reconociendo los riesgos asociados a las interacciones en línea. Abordar el problema de la infidelidad online requiere un enfoque holístico que incorpore la responsabilidad individual, los límites tecnológicos y el refuerzo de la relación para salvaguardar la integridad y la longevidad de las relaciones románticas en el panorama digital actual.

AISLAMIENTO SOCIAL Y SOLEDAD

El aislamiento social y la soledad son problemas cada vez más frecuentes en la sociedad actual, exacerbados por el auge de la tecnología y las redes sociales. Aunque estas plataformas están diseñadas para conectar a las personas, también pueden contribuir paradójicamente a la sensación de aislamiento. La investigación ha demostrado que el uso excesivo de la tecnología a menudo conduce a la disminución de las interacciones cara a cara y al debilitamiento de los vínculos sociales, lo que en última instancia aumenta la sensación de soledad. La exposición constante a versiones curadas de la vida de los demás en las redes sociales también puede provocar una sensación de inadecuación y desconexión. Además, el anonimato y la naturaleza superficial de las interacciones en línea pueden inhibir el desarrollo de relaciones profundas y significativas. Es crucial que las personas encuentren un equilibrio entre sus interacciones online y offline para combatir el aislamiento social y cultivar conexiones auténticas. Abordar estas cuestiones es esencial para promover el bienestar mental y fomentar un sentimiento de pertenencia en nuestro mundo cada vez más digital.

XIV. CONSIDERACIONES LEGALES Y ÉTICAS

A medida que sigue aumentando la prevalencia de la adicción a Internet, se ha vuelto crucial examinar las implicaciones jurídicas y éticas que rodean a esta cuestión. Desde un punto de vista legal, existe una necesidad creciente de normativas y políticas que aborden los efectos nocivos del uso excesivo de Internet en las personas y la sociedad. Deben aplicarse leyes relativas a la privacidad de los datos, el acoso en línea y la protección de la infancia para mitigar los riesgos asociados a la adicción a Internet. Además, entran en juego consideraciones éticas al debatir la responsabilidad de los proveedores de servicios de Internet y las empresas tecnológicas en la promoción de un comportamiento saludable en la red. Es esencial considerar las implicaciones éticas de la publicidad en línea, la recogida de datos y el diseño de tecnologías adictivas. Al abordar estas cuestiones legales y éticas, los responsables políticos pueden trabajar para crear un entorno digital más seguro y responsable para todos los usuarios. Como investigadores y profesionales del campo de la psicología, es nuestro deber defender estas consideraciones y contribuir al desarrollo de estrategias eficaces para prevenir y abordar la adicción a Internet.

PROBLEMAS DE PRIVACIDAD EN INTERNET

La preocupación por la privacidad en Internet se ha convertido en un tema destacado en la sociedad actual a medida que la tecnología sigue avanzando. Con el uso generalizado de las redes sociales, las compras en línea y diversas plataformas digitales, las personas comparten cada vez más información personal que puede ser explotada fácilmente por entidades malintencionadas. La recopilación de datos por parte de las empresas para la publicidad selectiva y la posibilidad de que se produzcan violaciones de datos han hecho saltar las alarmas sobre la seguridad y la privacidad de los usuarios en línea. Esto ha llevado a una creciente concienciación sobre la importancia de proteger la privacidad online, con llamamientos a una normativa más estricta y a la mejora de las medidas de seguridad. A medida que las personas navegan por el panorama digital, es crucial que sean cautelosas con la información que comparten en línea y que sean conscientes de los riesgos potenciales asociados al uso indebido de sus datos personales. Haciendo hincapié en la necesidad de un equilibrio entre comodidad y privacidad, es imperativo que la sociedad aborde estas preocupaciones para salvaguardar los derechos individuales en la era digital.

CIBERACOSO Y RAMIFICACIONES LEGALES

El ciberacoso se ha convertido cada vez más en un problema acuciante en la sociedad actual, con individuos que utilizan el anonimato de Internet para acosar, amenazar o intimidar a otros. Las ramificaciones jurídicas del ciberacoso son complejas, ya que a menudo implican navegar a través de diversas leyes y reglamentos que pueden no haberse puesto al día con la rápida naturaleza de las interacciones en línea. Aunque algunos países han promulgado legislaciones específicas para abordar el ciberacoso, muchos aún carecen de medidas exhaustivas para proteger adecuadamente a las personas de los abusos en línea. Además, la naturaleza anónima de Internet plantea dificultades a la hora de identificar y responsabilizar a los autores. En los casos en que el ciberacoso llega a tener consecuencias graves, como problemas de salud mental o incluso el suicidio, surgen cuestiones de responsabilidad y culpabilidad. A medida que la sociedad se enfrenta al impacto del ciberacoso, los marcos jurídicos deben evolucionar para ofrecer mejor protección a las víctimas y hacer que los agresores rindan cuentas de sus actos.

IMPLICACIONES ÉTICAS DE LAS HUELLAS DIGITALES

Las implicaciones éticas de las huellas digitales son una cuestión compleja y polifacética que requiere una cuidadosa consideración en la era digital actual. Cuando las personas realizan actividades en Internet, dejan tras de sí un rastro de datos que pueden ser recogidos, analizados y potencialmente utilizados con diversos fines, tanto beneficiosos como perjudiciales. Por un lado, las huellas digitales pueden potenciar los servicios personalizados, mejorar las estrategias de marketing y hacer avanzar la investigación en diversos campos. Sin embargo, por otro lado, suscitan preocupación por la privacidad, la vigilancia, la seguridad de los datos y la posible discriminación basada en la información recopilada. Es imperativo que las personas, las organizaciones y los responsables políticos naveguen por este campo de minas ético de forma responsable, garantizando que las huellas digitales se utilicen de forma que se respete la privacidad, se proteja la seguridad de los datos y se promueva la transparencia. Si abordamos estas consideraciones éticas, podremos aprovechar mejor el poder de las huellas digitales, minimizando al mismo tiempo los riesgos asociados a su uso.

XV. ADICCIÓN A INTERNET Y POLÍTICA PÚBLICA

La adicción a Internet es una preocupación creciente en la sociedad actual, en la que personas de todas las edades pasan un tiempo excesivo en línea, lo que tiene consecuencias negativas para su bienestar físico y mental. Las políticas públicas desempeñan un papel crucial a la hora de abordar este problema mediante la aplicación de normativas y directrices que protejan a las personas de los efectos nocivos de la adicción a Internet. Las políticas pueden centrarse en promover la alfabetización y la concienciación digitales, proporcionar recursos a quienes luchan contra la adicción y regular el contenido y la publicidad de las plataformas online. Al abordar la adicción a Internet mediante políticas públicas, los gobiernos pueden trabajar para crear una relación más sana y equilibrada con la tecnología en la sociedad. Es esencial que los responsables políticos colaboren con expertos en la materia para desarrollar estrategias basadas en pruebas que aborden eficazmente la compleja naturaleza de la adicción a Internet y su impacto en las personas y las comunidades.

RESPUESTAS GUBERNAMENTALES A LA ADICCIÓN A INTERNET

Las respuestas gubernamentales al creciente problema de la adicción a Internet han sido variadas y han evolucionado a lo largo de los años. Al principio, muchos gobiernos tardaron en reconocer la adicción a Internet como una preocupación legítima, y a menudo la descartaron como una cuestión de responsabilidad personal. Sin embargo, a medida que se hicieron más evidentes las consecuencias negativas del uso excesivo de Internet, los gobiernos de todo el mundo empezaron a tomar medidas. Algunos países han promulgado leyes o normativas para limitar el acceso a Internet, especialmente a los menores, mientras que otros se han centrado en programas educativos y campañas de sensibilización. Aun así, hay críticos que sostienen que la intervención gubernamental puede vulnerar los derechos de las personas o ser ineficaz para abordar las causas profundas de la adicción. A pesar de estos retos, está claro que la participación gubernamental es crucial para combatir la adicción a Internet y proteger el bienestar de la sociedad en su conjunto.

REGULACIÓN DE LOS CONTENIDOS ONLINE

La regulación de los contenidos en línea se ha convertido en una cuestión crítica en la era digital actual. Con la proliferación de plataformas de medios sociales y la fácil difusión de información, existe una creciente preocupación por la calidad y exactitud de los contenidos en línea. Para mantener la integridad de la información disponible en Internet, deben establecerse normas que garanticen que el contenido es fiable y digno de confianza. Sin embargo, el reto consiste en encontrar un equilibrio entre la protección de la libertad de expresión y la prevención de la difusión de información errónea. Alcanzar este equilibrio requiere una cuidadosa consideración de los principios legales y éticos, así como de las responsabilidades de las plataformas en línea a la hora de controlar el contenido que se comparte en sus sitios. A medida que la tecnología sigue evolucionando, es esencial que los responsables políticos adapten las normativas para abordar el panorama siempre cambiante de los contenidos en línea y su impacto en la sociedad.

CAMPAÑAS DE SALUD PÚBLICA Y EDUCACIÓN

Las campañas de salud pública y la educación desempeñan un papel crucial a la hora de abordar el problema de la adicción a Internet en la sociedad actual. Al concienciar sobre los efectos negativos del uso excesivo de Internet en la salud física y mental, estas campañas pueden ayudar a las personas a reconocer los signos de adicción y a buscar la ayuda adecuada. Los programas educativos también pueden proporcionar estrategias para gestionar el tiempo frente a la pantalla y desarrollar hábitos más saludables en Internet. Además, las campañas de salud pública pueden desestigmatizar la búsqueda de ayuda para la adicción a Internet, animando a las personas a buscar apoyo sin miedo a ser juzgadas. Combinando la educación con mensajes específicos, estas campañas pueden tener un impacto significativo en la reducción de la prevalencia de la adicción a Internet y en la mejora del bienestar general de las personas en la sociedad. Mediante un esfuerzo coordinado, las campañas de salud pública pueden ayudar a abordar la doble vertiente de la tecnología y promover un uso más equilibrado de los recursos digitales.

XVI. ESTRATEGIAS DE TRATAMIENTO E INTERVENCIÓN

Al abordar la cuestión de la adicción a Internet y su impacto generalizado en la sociedad, es esencial explorar estrategias eficaces de tratamiento e intervención. Uno de los enfoques es la terapia cognitivo-conductual (TCC), que se centra en identificar y cambiar los pensamientos y comportamientos desadaptativos relacionados con el uso de Internet. Esta técnica terapéutica pretende ayudar a los individuos a desarrollar habilidades de afrontamiento y estrategias de autorregulación para gestionar sus actividades online. Además, la terapia familiar puede desempeñar un papel crucial en el proceso de tratamiento, al abordar las dinámicas familiares subyacentes que pueden contribuir a las conductas adictivas. Además, la incorporación de intervenciones basadas en la atención plena puede ayudar a los individuos a cultivar la conciencia y el autocontrol sobre su uso de Internet. Integrando diversas modalidades de tratamiento, adaptadas a las necesidades del individuo, los clínicos pueden abordar eficazmente la adicción a Internet y promover un uso más sano de la tecnología en la sociedad actual.

OPCIONES DE ASESORAMIENTO Y TERAPIA

Las terapias tradicionales, como la TCC, han sido eficaces en el tratamiento de la adicción al identificar patrones de pensamiento negativos y sustituirlos por mecanismos de afrontamiento más sanos. Además, la terapia familiar puede ser beneficiosa para abordar las dinámicas familiares subyacentes que pueden contribuir a las conductas adictivas. Sin embargo, a medida que la tecnología sigue evolucionando, el asesoramiento online y las sesiones de terapia virtual han surgido como alternativas cómodas para las personas que luchan contra la adicción a Internet. Estas plataformas online ofrecen flexibilidad y accesibilidad, haciendo que la terapia resulte más cómoda para quienes pueden tener problemas para asistir a sesiones en persona. Utilizando una combinación de métodos tradicionales de asesoramiento y opciones online innovadoras, las personas pueden recibir un apoyo integral para superar la adicción a Internet y mejorar su bienestar general.

GRUPOS DE APOYO Y RECURSOS COMUNITARIOS

Al abordar el impacto de la adicción a Internet en la sociedad, los grupos de apoyo y los recursos comunitarios desempeñan un papel crucial a la hora de proporcionar ayuda a las personas que luchan contra este problema. Los grupos de apoyo ofrecen una plataforma para que las personas compartan experiencias, proporcionen apoyo emocional y ofrezcan consejos prácticos sobre la gestión del uso de Internet. Estos grupos crean un sentimiento de comunidad y comprensión entre sus miembros, reduciendo los sentimientos de aislamiento y estigma. Además, los recursos comunitarios, como los servicios de asesoramiento y los programas educativos, pueden dotar a los individuos de las herramientas necesarias para abordar eficazmente sus conductas adictivas. Trabajando conjuntamente, los grupos de apoyo y los recursos comunitarios pueden capacitar a las personas para realizar cambios positivos en sus vidas y liberarse de las garras de la adicción a Internet. Mientras los investigadores y los profesionales siguen explorando intervenciones eficaces, la colaboración entre los grupos de apoyo y los recursos comunitarios sigue siendo esencial para abordar esta creciente preocupación social.

MEDIDAS PREVENTIVAS Y EDUCACIÓN

Para combatir el creciente problema de la adicción a Internet en la sociedad actual, son cruciales las medidas preventivas y la educación. Una estrategia eficaz es poner en marcha programas de concienciación en escuelas y lugares de trabajo para educar a las personas sobre los signos y las consecuencias del uso excesivo de Internet. Esto puede ayudar a las personas a reconocer pronto los comportamientos problemáticos y a buscar ayuda antes de que se desarrolle la adicción. Además, promover hábitos saludables de tiempo frente a la pantalla y prácticas de desintoxicación digital puede ayudar a las personas a mantener una relación equilibrada con la tecnología. Proporcionar recursos de apoyo a la salud mental y asesoramiento sobre adicciones también puede ser beneficioso para abordar la adicción a Internet. Haciendo hincapié en la prevención y la educación, la sociedad puede trabajar para reducir la prevalencia de la adicción a Internet y mitigar su impacto negativo en las personas y las comunidades. Estas medidas son esenciales para promover una relación más sana con la tecnología y garantizar el bienestar de las generaciones futuras.

XVII. EL PAPEL DE LAS EMPRESAS TECNOLÓGICAS

Las empresas tecnológicas desempeñan un papel crucial en la prevalencia de la adicción a Internet y su impacto en la sociedad actual. Estas empresas diseñan y desarrollan plataformas y dispositivos específicamente concebidos para captar la atención de los usuarios durante periodos prolongados. Los modelos de negocio de muchas empresas tecnológicas se basan en maximizar la participación de los usuarios y aumentar el tiempo que pasan en sus plataformas, lo que puede provocar conductas adictivas entre los usuarios. Además, estas empresas suelen emplear tácticas como notificaciones personalizadas, recomendaciones y recompensas para mantener enganchados a los usuarios. Aunque las empresas tecnológicas argumentan que sus productos mejoran la conectividad y la productividad, no pueden pasarse por alto las consecuencias negativas del uso excesivo de la tecnología. A medida que la tecnología sigue avanzando, es imperativo que estas empresas asuman la responsabilidad de las repercusiones sociales de sus productos y den prioridad al bienestar de sus usuarios por encima de los márgenes de beneficio.

RESPONSABILIDAD EMPRESARIAL Y DISEÑO ÉTICO

La responsabilidad empresarial y el diseño ético desempeñan un papel crucial en el desarrollo y la aplicación de las tecnologías, especialmente en el contexto de la adicción a Internet. Las empresas deben considerar las implicaciones éticas de sus diseños, asegurándose de que priorizan el bienestar de los usuarios sobre los beneficios. Al incorporar prácticas de diseño éticas, las empresas pueden mitigar los riesgos de la adicción a Internet y promover un uso saludable de la tecnología. La responsabilidad corporativa va más allá del mero cumplimiento de la normativa; implica el compromiso de mantener unas normas éticas y garantizar que los productos y servicios ofrecidos son beneficiosos para la sociedad en su conjunto. Al adoptar principios de responsabilidad corporativa y diseño ético, las empresas pueden contribuir a un panorama tecnológico más sostenible y socialmente responsable, ayudando en última instancia a abordar los retos que plantea la adicción a Internet en la sociedad actual.

APLICACIÓN DE LÍMITES DE USO Y CONTROL PARENTAL

La implantación de límites de uso y controles parentales es un aspecto crucial para abordar el problema de la adicción a Internet en la sociedad actual. Estableciendo límites sobre el tiempo que se puede pasar en línea y restringiendo el acceso a determinados sitios web o contenidos, los padres pueden ayudar a regular y supervisar las actividades en línea de sus hijos. Este enfoque proactivo se extiende también a los adultos que puedan tener problemas con el uso excesivo de Internet, proporcionándoles herramientas para autorregularse y mantener un equilibrio saludable entre las interacciones virtuales y las del mundo real. Además, la aplicación de límites de uso y controles parentales puede evitar que las personas caigan en la trampa del desplazamiento interminable y el comportamiento compulsivo en línea. Promoviendo el uso responsable de Internet mediante la aplicación de estas medidas, podemos mitigar las consecuencias negativas de la adicción a Internet y fomentar una relación más equilibrada con la tecnología en nuestra vida cotidiana.

TRANSPARENCIA EN LA RECOGIDA Y USO DE DATOS

La transparencia en la recogida y el uso de datos es crucial para abordar los retos éticos que rodean a la adicción a Internet. Al revelar abiertamente cómo se recogen, almacenan y utilizan los datos, las empresas pueden generar confianza entre los usuarios y demostrar responsabilidad. Esta transparencia también puede ayudar a las personas a tomar decisiones informadas sobre su comportamiento en línea y las posibles consecuencias de un uso excesivo de Internet. Sin embargo, la otra cara de esta transparencia es la posibilidad de que terceros hagan un uso indebido o exploten los datos. Por lo tanto, es esencial que las organizaciones no sólo sean transparentes sobre sus prácticas de datos, sino que también apliquen medidas de seguridad sólidas para proteger la información de los usuarios. Al lograr un equilibrio entre la transparencia y la seguridad de los datos, la sociedad puede mitigar los riesgos asociados a la adicción a Internet y garantizar que las personas puedan navegar por el mundo online de forma segura y responsable.

XVIII. ASPECTOS POSITIVOS DEL USO DE INTERNET

Aunque la adicción a internet plantea retos importantes en la sociedad actual, también es esencial reconocer los aspectos positivos de su uso. Internet proporciona acceso a una gran cantidad de información y recursos que pueden ayudar en la educación, la investigación y el desarrollo profesional. Facilita la comunicación y la colaboración entre las personas, permitiendo la creación de redes globales y el intercambio de conocimientos. Además, Internet proporciona plataformas para la creatividad, la innovación y el espíritu empresarial, permitiendo a las personas mostrar sus talentos e ideas a un público más amplio. Además, Internet ha revolucionado sectores como la sanidad, las finanzas y el entretenimiento, ofreciendo nuevas oportunidades de crecimiento y avance. Reconociendo y aprovechando los aspectos positivos del uso de Internet, la sociedad puede maximizar los beneficios de la tecnología al tiempo que mitiga los riesgos de la adicción a Internet.

FOMENTAR LAS CONEXIONES GLOBALES

En el mundo interconectado de hoy en día, fomentar las conexiones globales se ha convertido en algo esencial para el desarrollo y el progreso de la sociedad. La llegada de la tecnología, en particular Internet, ha revolucionado la forma en que las personas y las comunidades interactúan a escala mundial. Al derribar las barreras geográficas y facilitar la comunicación instantánea, Internet ha permitido el intercambio fluido de ideas, información y recursos a través de las fronteras. Esta interconexión ha tenido un profundo impacto en diversos aspectos de la sociedad, desde la educación y los negocios hasta la política y la cultura. Sin embargo, aunque estas conexiones globales han aportado beneficios innegables, también han suscitado preocupación por la privacidad, la ciberseguridad y la difusión de información errónea. Es imperativo que los individuos y las instituciones naveguen por este panorama digital con cuidado, aprovechando el poder de las conexiones globales y, al mismo tiempo, siendo conscientes de los riesgos y retos potenciales que conllevan. Mediante un compromiso reflexivo y responsable con la tecnología, podemos aprovechar todo el potencial de la conectividad global para mejorar la sociedad en su conjunto.

ACCESO A LA EDUCACIÓN Y A LOS RECURSOS

El acceso a la educación y a los recursos desempeña un papel crucial en la capacitación de las personas para navegar por el mundo digital y evitar las trampas de la adicción a Internet. Con los rápidos avances de la tecnología, es primordial garantizar que todo el mundo tenga las mismas oportunidades de educarse sobre los riesgos del uso excesivo de Internet. Las escuelas y los centros educativos deben ofrecer programas integrales que aborden la alfabetización digital y el comportamiento responsable en la red. Además, el acceso a recursos como servicios de asesoramiento y grupos de apoyo para quienes luchan contra la adicción a Internet es esencial para mitigar su impacto en la sociedad actual. Fomentando la sensibilización y proporcionando las herramientas necesarias para que las personas tomen decisiones informadas sobre sus hábitos en Internet, podemos trabajar para crear un entorno digital más sano para todos los miembros de la sociedad. En última instancia, las medidas proactivas en educación y asignación de recursos son fundamentales para abordar la doble vertiente de la tecnología en la sociedad contemporánea.

PLATAFORMAS PARA LA CREATIVIDAD Y LA AUTOEXPRESIÓN

Las plataformas para la creatividad y la autoexpresión desempeñan un papel crucial en la sociedad actual, ya que proporcionan a las personas los medios para expresarse de formas únicas e innovadoras. Las plataformas de los medios sociales, como Instagram y Twitter, permiten a los usuarios compartir sus pensamientos, ideas y creatividad con una audiencia global al instante. Estas plataformas también se han convertido en fuente de inspiración para muchos, fomentando un sentimiento de comunidad y camaradería entre los usuarios. Sin embargo, el inconveniente de estas plataformas reside en el potencial de adicción y en los efectos negativos sobre la salud mental. Las investigaciones han demostrado que el uso excesivo de las redes sociales puede provocar sentimientos de inadecuación, ansiedad y depresión. Por lo tanto, es esencial encontrar un equilibrio entre la utilización de las plataformas en línea para la creatividad y la autoexpresión y, al mismo tiempo, ser consciente de los riesgos potenciales asociados al uso excesivo.

XIX. EQUILIBRAR LA VIDA ONLINE Y OFFLINE

En la era digital, las personas deben aprender a encontrar un delicado equilibrio entre sus vidas online y offline. El rápido avance de la tecnología ha facilitado que las personas permanezcan conectadas virtualmente, pero esta conectividad constante puede conducir a menudo a la adicción a Internet. A medida que aumenta el número de personas absortas en su vida online, pueden descuidar sus responsabilidades en el mundo físico, lo que tiene consecuencias negativas para su bienestar y sus relaciones. Encontrar un equilibrio entre el mundo digital y el real es crucial para mantener un estilo de vida saludable. Poniendo límites a las actividades online, gestionando el tiempo frente a la pantalla y dando prioridad a las interacciones cara a cara, las personas pueden prevenir la adicción a Internet y asegurarse de estar plenamente presentes en su vida offline. Equilibrar las vidas online y offline es esencial para promover el bienestar mental y emocional general en la sociedad actual.

ESTRATEGIAS PARA UN USO SALUDABLE DE INTERNET

Las estrategias para un uso saludable de Internet son cruciales en la era digital actual, en la que las personas se ven constantemente bombardeadas por distracciones online. Una estrategia eficaz es establecer límites de tiempo específicos para el uso de Internet, que permitan a las personas equilibrar sus actividades en línea con otros aspectos de su vida. Hacer descansos regulares de las pantallas también puede ayudar a prevenir el esfuerzo físico y la fatiga mental. Además, practicar el Mindfulness mientras se utiliza Internet puede aumentar la conciencia de los hábitos online y promover una navegación intencionada y concentrada. Desarrollar aficiones e intereses fuera de la red puede reducir aún más la dependencia de Internet para el entretenimiento y la relajación. Incorporando estas estrategias a las rutinas diarias, las personas pueden cultivar una relación más sana con Internet, mitigando los riesgos de la adicción a Internet y su impacto perjudicial en la salud mental y el bienestar de la sociedad actual.

IMPORTANCIA DE LAS AFICIONES Y ACTIVIDADES FUERA DE LÍNEA

Dedicarse a aficiones y actividades offline es crucial en la sociedad actual, dominada por la tecnología. Estas aficiones proporcionan a las personas un descanso muy necesario de la conectividad constante y el tiempo frente a la pantalla que caracterizan la vida moderna. Al participar en aficiones fuera de línea, las personas pueden desconectar del mundo digital, lo que les permite recargarse, relajarse y centrarse en actividades que estimulan la creatividad y el crecimiento personal. Las aficiones fuera de línea, como la pintura, el senderismo, la jardinería o los deportes, no sólo ofrecen beneficios para la salud mental y física, sino que también fomentan las interacciones sociales y el desarrollo de habilidades. Estas actividades mejoran el bienestar general y contribuyen a un estilo de vida equilibrado, contrarrestando los efectos negativos de la adicción a Internet. Por tanto, es imperativo que las personas den prioridad a las aficiones y actividades fuera de línea como medio de fomentar una existencia sana y satisfactoria en medio de la omnipresente influencia de la tecnología.

MINDFULNESS Y DESINTOXICACIÓN DIGITAL

El Mindfulness y la desintoxicación digital han surgido como estrategias cruciales para combatir la adicción a Internet y abordar su impacto en las personas y la sociedad. Las prácticas de Mindfulness, como la meditación y los ejercicios de respiración profunda, pueden ayudar a las personas a desarrollar la autoconciencia y la autorregulación, permitiéndoles gestionar mejor sus comportamientos en línea y resistirse a la atracción del compromiso digital constante. Además, el Mindfulness fomenta la sensación de presencia en el momento, reduciendo la probabilidad de desplazarse sin sentido o de utilizar compulsivamente los dispositivos digitales. Por otra parte, una desintoxicación digital implica desconectarse intencionadamente de la tecnología durante un periodo de tiempo para restablecer la relación con los dispositivos digitales y reevaluar las prioridades. Al descansar de las pantallas y realizar actividades fuera de línea, las personas pueden recuperar el sentido del equilibrio, reducir el estrés y mejorar su bienestar general. En definitiva, integrar las prácticas de Mindfulness y la desintoxicación digital en las rutinas diarias puede promover relaciones más sanas con la tecnología y mitigar las consecuencias negativas de la adicción a Internet en la sociedad actual.

XX. EL FUTURO DE LA ADICCIÓN A INTERNET

Una de las cuestiones más acuciantes a las que se enfrenta la sociedad actual es el creciente problema de la adicción a Internet. A medida que la tecnología avanza a un ritmo rápido, el atractivo de la conectividad constante y la gratificación instantánea ha provocado un aumento de las personas que luchan contra el uso compulsivo de Internet. Este fenómeno no sólo afecta a la salud mental y al bienestar de las personas, sino que también plantea retos a las normas y relaciones sociales. El futuro de la adicción a Internet sigue siendo incierto, con posibles consecuencias que van desde el aumento del aislamiento y la reducción de la productividad hasta posibles medidas reguladoras para frenar el uso excesivo de Internet. A medida que los investigadores profundizan en las complejidades de la adicción a Internet, es imperativo desarrollar estrategias de prevención e intervención para mitigar los efectos negativos sobre las personas y la sociedad en su conjunto. Abordando las causas profundas y aplicando intervenciones específicas, podemos navegar por el paisaje cambiante de la tecnología y fomentar relaciones más sanas con el mundo digital.

PREDICCIONES SOBRE LOS AVANCES TECNOLÓGICOS

Las predicciones sobre los avances tecnológicos indican un futuro lleno de posibilidades y retos. A medida que avanzamos hacia una era de inteligencia artificial, computación cuántica e IoT, el potencial de innovación parece ilimitado. Estos avances prometen revolucionar las industrias, mejorar los servicios sanitarios y transformar la forma en que interactuamos con nuestro entorno. Sin embargo, estos emocionantes avances van acompañados de preocupaciones sobre la privacidad de los datos, las amenazas a la ciberseguridad y la creciente brecha digital. La necesidad de directrices y normativas éticas que regulen el uso de las tecnologías emergentes es más acuciante que nunca. A medida que la sociedad depende cada vez más de la tecnología, es crucial anticipar el impacto potencial sobre la salud mental y el bienestar social de las personas. Lograr un equilibrio entre abrazar la innovación y mitigar las consecuencias negativas de la tecnología será esencial para navegar por el complejo panorama de la era digital.

POSIBLES CAMBIOS EN LAS NORMAS SOCIALES

Los posibles cambios en las normas sociales debidos a la adicción a Internet son complejos y polifacéticos. A medida que la tecnología avanza a un ritmo acelerado, las personas dependen cada vez más de los dispositivos digitales para diversos aspectos de su vida cotidiana. Esta creciente dependencia de la tecnología ha provocado un cambio en las normas sociales, con comportamientos como la conectividad constante y la difuminación de los límites entre el trabajo y la vida personal, cada vez más frecuentes. Además, el auge de las redes sociales y las plataformas en línea ha provocado cambios en la forma en que las personas se comunican, socializan y establecen relaciones. Estos cambios en las normas sociales tienen implicaciones significativas para la salud mental, las interacciones sociales y el bienestar general. Es crucial que los investigadores, los responsables políticos y los individuos comprendan y aborden el impacto de la adicción a Internet en la sociedad para promover un uso más sano y equilibrado de la tecnología en la era digital actual.

PREPARARSE PARA LOS RETOS FUTUROS

Prepararse para los retos futuros en la lucha contra la adicción a Internet requiere un enfoque polifacético que implique la colaboración entre psicólogos, educadores, responsables políticos y desarrolladores tecnológicos. Un aspecto clave es mejorar la alfabetización digital y fomentar la capacidad de pensamiento crítico entre las personas, especialmente entre los jóvenes, para que puedan tomar decisiones informadas sobre su comportamiento en Internet. Deberían ponerse en marcha programas educativos para concienciar sobre las consecuencias negativas del uso excesivo de Internet y proporcionar estrategias para un uso responsable y equilibrado de la tecnología. Además, deben establecerse normativas y directrices que garanticen que las empresas tecnológicas dan prioridad al bienestar de los usuarios sobre los beneficios. La investigación sobre los efectos a largo plazo de la adicción a Internet y el desarrollo de intervenciones eficaces también son cruciales para prepararse para los retos que puedan surgir en el futuro. Tomando medidas proactivas ahora, la sociedad puede mitigar mejor los efectos perjudiciales de la adicción a Internet y fomentar una relación más sana con la tecnología.

XXI. ANÁLISIS COMPARATIVO DE LA ADICCIÓN A INTERNET ENTRE CULTURAS

El Capítulo XXI profundiza en el análisis comparativo de la adicción a Internet en distintas culturas, arrojando luz sobre las variaciones en la prevalencia y las manifestaciones de este fenómeno. Al examinar cómo factores culturales como los valores, las normas y las estructuras sociales influyen en los patrones de uso de Internet de los individuos y en su susceptibilidad a la adicción, esta investigación proporciona una comprensión global de las complejidades que entraña. El estudio revisa la literatura existente sobre la adicción a Internet en diversos contextos culturales, identificando puntos en común y diferencias que ofrecen valiosas perspectivas para desarrollar estrategias de prevención e intervención culturalmente sensibles. Mediante una exploración matizada de los matices culturales que conforman la adicción a Internet, este capítulo contribuye al discurso más amplio sobre el impacto de la tecnología en la sociedad. Al reconocer la diversidad cultural de las experiencias de adicción a Internet, los investigadores y los profesionales pueden adaptar los enfoques para abordar este problema con eficacia en diversos entornos culturales.

ESTUDIOS TRANSCULTURALES SOBRE EL USO DE INTERNET

Los estudios transculturales sobre el uso de Internet han recibido una gran atención en los últimos años, arrojando luz sobre las diversas formas en que las distintas culturas interactúan con Internet y lo utilizan. Estos estudios exploran cómo los factores culturales, como el individualismo frente al colectivismo, influyen en los comportamientos y actitudes online. Por ejemplo, la investigación ha descubierto que las culturas individualistas pueden ser más propensas a utilizar Internet para la autoexpresión y la marca personal, mientras que las culturas colectivistas pueden dar prioridad a las redes sociales y a la creación de comunidades en Internet. Al examinar estas variaciones transculturales en el uso de Internet, los investigadores pueden desarrollar una comprensión más matizada de cómo la tecnología se cruza con las normas y valores culturales. Esta información es crucial para diseñar intervenciones y políticas sensibles al contexto cultural en el que se manifiestan la adicción a Internet y sus consecuencias. En última instancia, los estudios transculturales sobre el uso de Internet ofrecen valiosas perspectivas sobre la compleja relación entre tecnología y sociedad en un mundo globalizado.

ACTITUDES CULTURALES HACIA LA TECNOLOGÍA

Las actitudes culturales hacia la tecnología desempeñan un papel fundamental en la forma en que las personas interactúan con el mundo digital y lo perciben. Algunas culturas abrazan los avances tecnológicos, considerándolos oportunidades de progreso e innovación. Estas actitudes suelen conducir a un alto nivel de uso de Internet y la tecnología en estas sociedades. Por otra parte, algunas culturas pueden tener una visión más conservadora de la tecnología, considerándola una amenaza para los valores tradicionales y las normas sociales. Esto puede provocar escepticismo y resistencia a la adopción de nuevas tecnologías. Comprender estas actitudes culturales es crucial para abordar cuestiones como la adicción a Internet, ya que las diferentes perspectivas culturales pueden influir en la forma en que las personas perciben y responden a los problemas relacionados con la tecnología. Si reconocemos y respetamos las diversas actitudes culturales hacia la tecnología, podremos afrontar mejor los retos que plantea el uso excesivo de la tecnología en la sociedad actual.

VARIACIONES GLOBALES EN LAS TASAS DE ADICCIÓN

Las variaciones globales en las tasas de adicción son un aspecto crucial a tener en cuenta al examinar el impacto de la adicción a Internet en la sociedad. Las investigaciones indican que las tasas de adicción varían significativamente de un país a otro, influidas por las normas culturales, los factores socioeconómicos y el acceso a la tecnología. Por ejemplo, los estudios han demostrado que los países asiáticos tienden a tener tasas más elevadas de adicción a Internet que los países occidentales, posiblemente debido a factores culturales que dan mucha importancia al éxito académico y a los juegos en línea. Además, también pueden observarse variaciones en las tasas de adicción a Internet dentro de los países, y las zonas urbanas suelen tener tasas más elevadas que las rurales. Comprender estas variaciones globales en las tasas de adicción es esencial para desarrollar intervenciones y políticas específicas que aborden el creciente problema de la adicción a Internet y sus efectos perjudiciales para las personas y la sociedad.

XXII. LA NEUROCIENCIA DE LA ADICCIÓN A INTERNET

El floreciente problema de la adicción a Internet ha acaparado una gran atención en los últimos años, lo que ha llevado a los investigadores a profundizar en la neurociencia que subyace a este fenómeno creciente. Los estudios han demostrado que la adicción a Internet activa vías neuronales similares a las del abuso de sustancias, sobre todo en el centro de recompensa del cerebro. Las técnicas de neuroimagen han revelado cambios estructurales en los cerebros de los individuos con adicción a Internet, como la reducción del volumen de materia gris en las áreas responsables del control cognitivo y la toma de decisiones. Estas alteraciones pueden conducir a un deterioro del control de los impulsos y a una mayor apetencia por las actividades en línea. Además, se han implicado desequilibrios de los neurotransmisores, concretamente de la dopamina, en el desarrollo y mantenimiento de la adicción a Internet. Comprender los mecanismos neurobiológicos que subyacen a este trastorno del comportamiento es crucial para desarrollar intervenciones y estrategias de tratamiento eficaces que mitiguen su impacto perjudicial sobre las personas y la sociedad en su conjunto.

CAMBIOS CEREBRALES ASOCIADOS A LA ADICCIÓN

Los cambios cerebrales asociados a la adicción son complejos y polifacéticos, e implican alteraciones en el sistema de recompensa del cerebro, las funciones ejecutivas y la respuesta al estrés. La exposición crónica a sustancias o conductas adictivas provoca cambios en los niveles de neurotransmisores, sobre todo de dopamina, que desempeña un papel crucial en el refuerzo de las conductas adictivas. Estos cambios pueden provocar una mayor sensibilidad a las señales relacionadas con las drogas, una menor sensibilidad a las recompensas naturales y dificultades para inhibir los impulsos, todo lo cual contribuye al ciclo de la adicción. Además, la adicción se asocia a alteraciones en las regiones cerebrales implicadas en la toma de decisiones, como el córtex prefrontal, que conducen a un deterioro de la capacidad de juicio y de decisión. Además, la adicción puede desregular el sistema de respuesta al estrés, lo que conduce a una mayor reactividad al estrés y a un mayor riesgo de recaída. Comprender estos cambios cerebrales es crucial para desarrollar intervenciones eficaces para combatir la adicción y mitigar su impacto sobre las personas y la sociedad en su conjunto.

NEUROTRANSMISORES Y VÍAS DE RECOMPENSA

Los neurotransmisores desempeñan un papel crucial en las vías de recompensa del cerebro, que están estrechamente relacionadas con comportamientos adictivos como la adicción a Internet. La liberación de neurotransmisores como la dopamina, la serotonina y la norepinefrina en respuesta a estímulos placenteros refuerza el comportamiento, conduciendo a un ciclo de ansia y consumo. En el contexto de la adicción a Internet, la estimulación continua que supone participar en actividades online puede desregular estos sistemas de neurotransmisores, provocando una mayor sensibilidad a los estímulos gratificantes y una menor respuesta a las recompensas naturales. Esto puede dar lugar a un comportamiento compulsivo y a una pérdida de control sobre el uso de Internet. Comprender los mecanismos neurobiológicos subyacentes a estas vías de recompensa es esencial para desarrollar intervenciones eficaces que aborden la adicción a Internet y su impacto en las personas y en la sociedad en su conjunto. Dirigiéndose a los sistemas neurotransmisores implicados en el procesamiento de la recompensa, pueden desarrollarse tratamientos a medida para abordar la compleja naturaleza de la adicción a Internet.

COMPARACIONES CON OTRAS FORMAS DE ADICCIÓN

Al explorar el fenómeno de la adicción a Internet, es esencial considerar cómo se compara con otras formas de adicción. Mientras que los modelos tradicionales de adicción suelen centrarse en sustancias como las drogas o el alcohol, la adicción a Internet presenta retos únicos debido a su naturaleza omnipresente en la sociedad moderna. A diferencia del abuso de sustancias, que suele asociarse a la dependencia física, la adicción a Internet gira en torno a la dependencia psicológica de las actividades en línea. Los estudios han demostrado que las personas con adicción a Internet presentan patrones cerebrales similares a los de las personas con trastornos por consumo de sustancias, lo que indica similitudes subyacentes en los comportamientos adictivos. Además, la facilidad de acceso a Internet y la conectividad constante que proporciona pueden hacer que la gestión de la adicción a Internet sea especialmente difícil. Al examinar estas comparaciones con otras formas de adicción, podemos comprender mejor las complejidades de la adicción a Internet y su impacto en la sociedad.

XXIII. EL PAPEL DE LOS RASGOS DE PERSONALIDAD EN LA ADICCIÓN A INTERNET

Los rasgos de personalidad desempeñan un papel importante en el desarrollo de la adicción a Internet, y varios estudios señalan rasgos específicos que se asocian a un mayor riesgo de desarrollar conductas problemáticas en línea. La extroversión, el neuroticismo, la impulsividad y la búsqueda de sensaciones se han relacionado con niveles más altos de adicción a Internet, lo que indica que los individuos con estos rasgos pueden ser más propensos a un uso excesivo de Internet. Estos rasgos de personalidad pueden influir en la forma en que los individuos interactúan con la tecnología y en la medida en que buscan gratificación en las actividades online, lo que puede conducir a conductas adictivas. Comprender el papel de los rasgos de personalidad en la adicción a Internet es crucial para desarrollar estrategias eficaces de prevención e intervención adaptadas a las necesidades individuales. Al identificar a los individuos que pueden presentar un mayor riesgo debido a rasgos de personalidad específicos, los investigadores y los médicos pueden dirigir las intervenciones de forma más eficaz para abordar los factores psicológicos subyacentes que contribuyen a la adicción a Internet.

CORRELACIÓN CON LA INTROVERSIÓN/EXTROVERSIÓN

La investigación ha demostrado que existe una relación compleja entre la adicción a Internet y la introversión/extroversión. Las personas introvertidas pueden ser más susceptibles a la adicción a Internet debido al anonimato y a la reducida interacción social que proporcionan las plataformas online, que ofrecen una sensación de evasión de las situaciones sociales de la vida real. Por otra parte, los extrovertidos pueden utilizar Internet como herramienta para socializar y establecer contactos, lo que conduce a un mayor uso pero no necesariamente a la adicción. Esta correlación pone de relieve la importancia de tener en cuenta los rasgos de personalidad al estudiar la adicción a Internet y su impacto en los individuos. Comprender cómo interactúa la introversión/extroversión con el uso de Internet puede aportar información sobre las motivaciones y conductas subyacentes que contribuyen a la adicción. Al reconocer estas diferencias, las intervenciones y las estrategias de prevención pueden adaptarse para abordar las necesidades específicas de los individuos en función de sus rasgos de personalidad y sus tendencias hacia el uso de Internet.

IMPULSIVIDAD Y CONDUCTAS DE RIESGO

La impulsividad y las conductas de riesgo suelen estar entrelazadas, sobre todo en el ámbito del uso de la tecnología. Los individuos que muestran altos niveles de impulsividad pueden ser más propensos a participar en actividades online de riesgo, como el ciberacoso, las apuestas online o compartir información personal con desconocidos. Este comportamiento puede tener consecuencias importantes, tanto personales como sociales. Por ejemplo, las personas que comparten impulsivamente información sensible en Internet pueden ser víctimas de robos de identidad, mientras que las que participan en ciberacoso pueden enfrentarse a repercusiones legales. Comprender la relación entre la impulsividad y las conductas de riesgo en el contexto de la tecnología es crucial para desarrollar intervenciones y estrategias de prevención eficaces. Si abordamos los problemas de impulsividad subyacentes y promovemos un comportamiento responsable en la red, podemos mitigar el impacto negativo de la adicción a Internet en la sociedad actual. Esta investigación pretende explorar estas complejas dinámicas y aportar valiosas ideas tanto a los académicos como a los profesionales de este campo.

AUTOESTIMA Y BÚSQUEDA DE VALIDACIÓN

La autoestima desempeña un papel crucial en la propensión de las personas a la adicción a Internet. Las personas con baja autoestima suelen recurrir a Internet en busca de validación y seguridad, buscando "me gusta", comentarios y seguidores para aumentar su autoestima. Esta necesidad constante de validación externa puede conducir a un círculo vicioso de dependencia de las plataformas de las redes sociales para sentirse aceptados y validados. Sin embargo, esta dependencia de la afirmación digital puede tener efectos perjudiciales para la salud mental y la autoestima a largo plazo. A medida que las personas se vuelven más adictas a la búsqueda de validación en Internet, pueden descuidar las relaciones en la vida real y las oportunidades de auténtica superación personal. Es esencial que los investigadores y psicólogos sigan explorando el vínculo entre la autoestima y los comportamientos de búsqueda de validación en el contexto de la adicción a Internet, para desarrollar intervenciones y estrategias eficaces para las personas en situación de riesgo.

XXIV. EL IMPACTO DE LA ADICCIÓN A INTERNET EN LA CREATIVIDAD

La adicción a Internet se ha convertido en un problema frecuente en la sociedad actual, en la que las personas pasan cada vez más tiempo en línea, a menudo en detrimento de su salud mental y su bienestar general. Un aspecto preocupante de la adicción a Internet es su posible impacto en la creatividad. Las investigaciones sugieren que el uso excesivo de Internet puede obstaculizar el pensamiento creativo y la capacidad de resolver problemas, ya que las personas se vuelven más dependientes de la información instantánea y pierden la capacidad de pensar de forma crítica y creativa. Esta dependencia de Internet para una estimulación y gratificación constantes puede inhibir el desarrollo de ideas innovadoras y procesos de pensamiento originales. Como resultado, las personas pueden tener dificultades para pensar de forma innovadora y encontrar soluciones novedosas a problemas complejos. Abordar la adicción a Internet y promover un uso consciente de la Red es crucial para preservar y potenciar la creatividad en la era digital actual.

INFLUENCIA EN LAS ACTIVIDADES ARTÍSTICAS Y CREATIVAS

En la sociedad actual, las actividades artísticas y creativas se han visto muy influidas por la tecnología, especialmente por Internet. La facilidad de acceso a una plétora de recursos e inspiración en línea ha revolucionado la forma de trabajar y colaborar de los artistas y creativos. Plataformas como las redes sociales han proporcionado a los artistas una audiencia global y la posibilidad de mostrar su trabajo a un grupo demográfico más amplio. Además, Internet ha hecho posible que las personas aprendan nuevas técnicas y habilidades a través de cursos y tutoriales en línea, lo que ha permitido que más gente se dedique a actividades artísticas. Sin embargo, la conectividad constante y las distracciones que ofrece Internet también pueden convertirse en un obstáculo para la creatividad, provocando una posible adicción a Internet y una falta de concentración en las propias actividades artísticas. A medida que la tecnología sigue evolucionando, es crucial que las personas encuentren un equilibrio entre utilizar sus ventajas para la creatividad y mantener una relación sana con el mundo digital.

EL CARÁCTER DISTRACTOR DE INTERNET SOBRE LA CREATIVIDAD

Es innegable que el uso generalizado de Internet ha revolucionado la forma en que accedemos a la información y nos comunicamos con los demás. Sin embargo, esta conectividad constante tiene sus inconvenientes, sobre todo en el ámbito de la creatividad. La gran cantidad de distracciones de Internet, desde las notificaciones de las redes sociales hasta las infinitas opciones de navegación, pueden impedir fácilmente que las personas se centren en sus actividades creativas. Las investigaciones demuestran que el uso excesivo de Internet puede provocar sensación de agobio y fatiga mental, lo que en última instancia obstaculiza el proceso creativo. En una sociedad que valora la productividad y la gratificación instantánea, el atractivo de las distracciones de Internet puede ser difícil de resistir. Por ello, es fundamental que las personas sean conscientes del uso que hacen de Internet y apliquen estrategias para cultivar un tiempo creativo centrado y sin interrupciones. Al reconocer la naturaleza distractora de Internet y tomar medidas proactivas para mitigar su influencia, las personas pueden aprovechar todo su potencial creativo y producir un trabajo significativo y original.

OPORTUNIDADES DE EXPRESIÓN CREATIVA ONLINE

En el ámbito de las actividades en línea, Internet ofrece un amplio abanico de oportunidades para la expresión creativa. Desde los blogs personales y las plataformas de medios sociales hasta el arte digital y los juegos en línea, las personas tienen libertad para expresarse de formas diversas e innovadoras. El entorno online permite la exploración de diferentes identidades, fomentando una sensación de empoderamiento y autodescubrimiento. Mediante la creación de contenidos digitales, los individuos pueden relacionarse con un público global y cultivar una comunidad en torno a intereses compartidos. Esta interconexión fomenta la colaboración y el intercambio de ideas, dando lugar a la aparición de nuevas formas de expresión artística. Sin embargo, aunque Internet ofrece vías para la creatividad y la autoexpresión, es esencial tener en cuenta los riesgos y retos potenciales asociados a las actividades en línea, como los problemas de privacidad y la exposición a contenidos nocivos. A medida que la sociedad sigue navegando por las complejidades de la era digital, es crucial encontrar un equilibrio entre aprovechar las oportunidades de expresión creativa en línea y protegerse de los posibles escollos.

XXV. ADICCIÓN A INTERNET Y COMPORTAMIENTO DEL CONSUMIDOR

El aumento de la adicción a Internet se ha convertido en una preocupación importante en la sociedad actual, que afecta al comportamiento de los consumidores de diversas maneras. A medida que las personas pasan cada vez más tiempo en Internet, se ven expuestas a multitud de anuncios, promociones y opiniones de consumidores, que condicionan sus decisiones de compra. Además, la comodidad y facilidad de las compras por Internet han dado lugar a comportamientos de compra impulsivos, contribuyendo al fenómeno de la compra compulsiva entre los adictos a Internet. Por otra parte, el tiempo excesivo que se pasa en Internet también puede provocar una sobrecarga de información y fatiga en la toma de decisiones, lo que hace que los consumidores tomen malas decisiones o sean incapaces de tomar una decisión. A medida que los investigadores profundizan en la compleja relación entre la adicción a Internet y el comportamiento de los consumidores, es crucial considerar las implicaciones de esta cuestión para el bienestar de los individuos y la economía en su conjunto. Si abordamos los factores subyacentes que impulsan la adicción a Internet y su repercusión en el comportamiento de los consumidores, podremos desarrollar estrategias para mitigar sus consecuencias negativas y promover hábitos online más saludables.

COMPRAS ONLINE Y COMPRAS IMPULSIVAS

Las compras en línea se han convertido rápidamente en un modo de consumo dominante, que ofrece comodidad y accesibilidad a los consumidores de todo el mundo. Sin embargo, esta comodidad también ha allanado el camino a las compras impulsivas, un fenómeno alimentado por la gratificación instantánea y el fácil acceso a una abundancia de productos en línea. El atractivo de la compra con un solo clic y los anuncios dirigidos pueden llevar a las personas a realizar compras impulsivas y, a menudo, innecesarias. Desde una perspectiva psicológica, la falta de barreras físicas y limitaciones de tiempo en las compras online puede reducir las inhibiciones y aumentar la probabilidad de compras impulsivas. Comprender los factores que contribuyen a la compra impulsiva online es esencial para abordar las consecuencias negativas, como la tensión financiera y el desorden de los espacios vitales. A medida que la tecnología sigue avanzando, deben desarrollarse estrategias para mitigar el impacto de las compras online en el comportamiento de compra impulsiva.

INFLUENCIA DEL MARKETING DIGITAL

En la era digital actual, la influencia del marketing digital es cada vez mayor, ya que moldea el comportamiento de los consumidores e impulsa las tendencias del sector. El auge de las plataformas de redes sociales y la publicidad en línea ha revolucionado la forma en que las empresas se relacionan con su público objetivo, permitiendo estrategias de marketing personalizadas y específicas. Sin embargo, la proliferación de técnicas de marketing digital también ha suscitado preocupación por la privacidad, la seguridad de los datos y la posibilidad de manipulación. Utilizando sofisticados algoritmos y herramientas de seguimiento, las empresas pueden recopilar grandes cantidades de datos personales para adaptar sus esfuerzos de marketing. Esta práctica ha suscitado debates sobre las implicaciones éticas del marketing digital y la necesidad de regulación para salvaguardar los derechos de los consumidores. A medida que la tecnología sigue avanzando, es crucial que los investigadores exploren el arma de doble filo del marketing digital, reconociendo sus beneficios potenciales y abordando al mismo tiempo sus inconvenientes e implicaciones para la sociedad en su conjunto.

DATOS DE CONSUMIDORES Y PUBLICIDAD DIRIGIDA

Los datos de los consumidores y la publicidad dirigida se han entrelazado cada vez más debido al avance de la tecnología. En el panorama digital actual, las empresas tienen acceso a grandes cantidades de información personal, lo que les permite adaptar sus estrategias de marketing a grupos demográficos específicos con una precisión sin precedentes. Aunque esto puede dar lugar a una publicidad más relevante y personalizada para los consumidores, también suscita preocupación por la privacidad y la seguridad de los datos. La práctica de la publicidad dirigida tiene el potencial de manipular el comportamiento de los consumidores y perpetuar un ciclo de consumo constante. Además, la recopilación y el uso de datos de los consumidores sin su consentimiento explícito puede vulnerar los derechos y la autonomía individuales. A medida que la tecnología sigue evolucionando, es crucial que los reguladores y los responsables políticos establezcan directrices estrictas para proteger los datos de los consumidores y garantizar prácticas transparentes en la publicidad personalizada. Este equilibrio entre el marketing personalizado y la privacidad del consumidor será un reto clave para configurar el futuro de la economía digital.

XXVI. LA INTERSECCIÓN ENTRE LA ADICCIÓN A INTERNET Y LA CIBERSEGURIDAD

La intersección entre la adicción a Internet y la ciberseguridad plantea un reto complejo en la era digital actual. Por un lado, las personas adictas a Internet pueden ser más susceptibles a las ciberamenazas debido a su excesiva presencia online y a sus comportamientos de riesgo. Su necesidad compulsiva de consultar constantemente las redes sociales, jugar a juegos online o comprar en Internet puede exponerles a diversas estafas online, ataques de phishing y malware. Por otra parte, los ciberdelincuentes pueden explotar a las personas vulnerables con adicción a Internet dirigiéndose a ellas con estafas a medida o programas maliciosos diseñados para aprovecharse de sus hábitos online compulsivos. Por tanto, es crucial que los profesionales de la ciberseguridad no sólo se centren en las soluciones técnicas, sino que también tengan en cuenta los aspectos psicológicos de la adicción a Internet a la hora de desarrollar estrategias para proteger a las personas de las amenazas online. Al comprender la intersección entre la adicción a Internet y la ciberseguridad, podemos desarrollar enfoques más holísticos para abordar los riesgos asociados al uso excesivo de Internet en la sociedad actual.

RIESGOS DE LOS COMPORTAMIENTOS COMPULSIVOS ONLINE

Los riesgos asociados a los comportamientos online compulsivos son polifacéticos y complejos, y se derivan de diversos factores, como las dimensiones psicológica, social y fisiológica. Las personas que hacen un uso excesivo de Internet pueden sufrir consecuencias adversas en su salud mental, como un aumento de los niveles de estrés, ansiedad y depresión. Además, los comportamientos online compulsivos pueden provocar un descenso del rendimiento académico o laboral, ya que los individuos pueden priorizar las actividades online sobre sus responsabilidades y obligaciones. Además, el tiempo excesivo frente a la pantalla puede tener efectos perjudiciales para la salud física, contribuyendo al sedentarismo y a los problemas de salud relacionados. Además, los comportamientos online compulsivos también pueden perturbar las relaciones personales y las interacciones sociales, ya que los individuos pueden tener dificultades para conectar con otras personas en el mundo real. Comprender los riesgos asociados a los comportamientos compulsivos en línea es crucial para desarrollar intervenciones y estrategias que aborden la adicción a Internet y su impacto en las personas y en la sociedad en su conjunto.

PROTECCIÓN DE LOS DATOS PERSONALES

Proteger la información personal es crucial en la era digital actual, en la que proliferan las violaciones de datos y los robos de identidad. Es imperativo que los individuos tomen medidas proactivas para salvaguardar su información sensible, como utilizar contraseñas seguras, activar la autenticación de dos factores y ser cautelosos a la hora de compartir datos personales en línea. Además, las empresas y organizaciones deben dar prioridad a la seguridad de los datos mediante la aplicación de protocolos de cifrado sólidos, la actualización periódica de sus medidas de ciberseguridad y la formación adecuada de los empleados sobre el manejo de información sensible. Las normativas y políticas gubernamentales también desempeñan un papel importante en la protección de los datos personales, garantizando que las empresas cumplan normas estrictas y afronten las consecuencias de las violaciones. Adoptando colectivamente estas medidas, podemos ayudar a mitigar los riesgos asociados a la adicción a Internet y salvaguardar nuestra información personal en un mundo cada vez más interconectado.

EL PAPEL DE LA CONCIENCIACIÓN DE LOS USUARIOS EN LA CIBERSEGURIDAD

La concienciación de los usuarios desempeña un papel crucial en la ciberseguridad, especialmente a medida que la tecnología sigue avanzando rápidamente. Educar a los usuarios sobre la importancia de las contraseñas seguras, reconocer los intentos de phishing y comprender los riesgos de compartir información personal en línea es esencial para prevenir los ciberataques. La falta de concienciación de los usuarios puede dejar a individuos y organizaciones vulnerables a diversas ciberamenazas, comprometiendo en última instancia datos sensibles y recursos financieros. Promoviendo una cultura de concienciación sobre ciberseguridad, los usuarios pueden ser más proactivos a la hora de salvaguardar sus actividades e información en línea. Los programas de formación, los talleres y las actualizaciones periódicas sobre las ciberamenazas emergentes son estrategias eficaces para aumentar la concienciación de los usuarios y fomentar el sentido de la responsabilidad en el mantenimiento de un entorno en línea seguro. En última instancia, la concienciación de los usuarios sirve como defensa de primera línea en el panorama en constante evolución de la ciberseguridad, mitigando los riesgos y protegiendo frente a posibles ciberamenazas.

XXVII. LA INFLUENCIA DE LA ADICCIÓN A INTERNET EN EL LENGUAJE Y LA COMUNICACIÓN

Examinar el impacto de la adicción a Internet en el lenguaje y la comunicación revela una compleja relación entre la tecnología y la interacción humana. A medida que las personas pasan cada vez más tiempo en Internet, sus habilidades comunicativas pueden verse afectadas por la prevalencia de las plataformas digitales. El uso de abreviaturas, emojis y lenguaje informal en la comunicación online puede llevar a un declive de las habilidades formales de escritura y expresión oral. Además, el uso excesivo de Internet puede aislar a los individuos, reduciendo sus oportunidades de comunicación cara a cara y de interacción social. Este cambio hacia la comunicación digital puede provocar una pérdida de matices y profundidad en las relaciones interpersonales. Comprender los efectos de la adicción a Internet sobre el lenguaje y la comunicación es crucial para afrontar los retos que plantea este fenómeno moderno y promover una comunicación eficaz en la sociedad actual.

EVOLUCIÓN DE LOS ESTILOS DE COMUNICACIÓN ONLINE

La evolución de los estilos de comunicación online ha desempeñado un papel importante en la configuración de la forma en que los individuos interactúan en la sociedad actual. Con el avance de la tecnología y el auge de las plataformas de medios sociales, se ha producido un cambio hacia métodos de comunicación más informales y concisos. Esto ha llevado al desarrollo de nuevas normas y etiqueta en las interacciones online, desafiando las formas tradicionales de comunicación. El uso generalizado de emojis, acrónimos y gifs ha cambiado la forma de transmitir e interpretar los mensajes, afectando al tono general y al significado de las conversaciones. Sin embargo, este cambio también ha suscitado preocupación por el impacto en las habilidades lingüísticas y la calidad de la comunicación. A medida que las personas siguen adaptándose a estos nuevos estilos de comunicación en línea, es esencial considerar las implicaciones para las interacciones sociales y las relaciones interpersonales. Entender la evolución de los estilos de comunicación online es crucial para comprender los efectos más amplios de la tecnología en la sociedad.

IMPACTO EN LAS COMPETENCIAS LINGÜÍSTICAS

El impacto de la tecnología en las competencias lingüísticas es un tema de gran importancia en la sociedad actual, sobre todo en relación con el aumento de la adicción a Internet. La investigación ha demostrado que el uso excesivo de la tecnología, como los teléfonos inteligentes y las redes sociales, puede tener efectos perjudiciales en el desarrollo lingüístico y las capacidades de comunicación. Los usuarios pueden depender de atajos como emojis y acrónimos, lo que conduce a una disminución de la competencia en las formas tradicionales de comunicación. Además, el bombardeo constante de información procedente de Internet puede saturar la capacidad de procesamiento del cerebro, dificultando la concentración y la retención de información. Estas dificultades pueden entorpecer las habilidades lingüísticas, como la adquisición de vocabulario, el dominio de la gramática y la eficacia general de la comunicación. Por ello, es crucial que los investigadores y los responsables políticos aborden el impacto negativo de la tecnología en las capacidades lingüísticas y consideren estrategias para mitigar estos efectos en la sociedad actual.

EL PAPEL DE LOS EMOJIS Y LA JERGA DE INTERNET

En el ámbito de la comunicación por Internet, los emojis y la jerga de Internet desempeñan un papel importante en la configuración de la forma en que las personas interactúan en línea. Los emojis, con su capacidad para transmitir emociones y tono de forma concisa, se han convertido en una herramienta de comunicación popular, sobre todo entre las generaciones más jóvenes. Añaden profundidad y matices a los mensajes escritos, ayudando a salvar la brecha creada por la ausencia de señales no verbales en la comunicación digital. Por otra parte, la jerga de Internet, caracterizada por abreviaturas, siglas y grafías poco convencionales, sirve como forma de creatividad y expresión lingüísticas. Permite una comunicación eficaz en un entorno online de ritmo rápido, a la vez que fomenta un sentimiento de comunidad entre los usuarios que comparten un argot común. Sin embargo, el uso excesivo de emojis y jerga de Internet puede dar lugar a malas interpretaciones, malentendidos y a la erosión de las normas lingüísticas tradicionales. Es esencial encontrar un equilibrio entre aprovechar estas herramientas para una comunicación eficaz y preservar la riqueza del lenguaje en la era digital.

XXVIII. ADICCIÓN A INTERNET Y PROBLEMAS MEDIOAMBIENTALES

La adicción a Internet es una preocupación creciente en la sociedad contemporánea, en la que las personas dependen cada vez más de las tecnologías digitales para sus actividades cotidianas. Esta adicción no sólo afecta a la salud mental y física de los individuos, sino que también tiene implicaciones medioambientales más amplias. El uso excesivo de dispositivos electrónicos conlleva un mayor consumo de energía, lo que contribuye a las emisiones de carbono y a la degradación del medio ambiente. Además, la producción, eliminación y reciclaje de dispositivos electrónicos generan residuos electrónicos que contaminan aún más el medio ambiente. A medida que la sociedad se hace más dependiente de la tecnología, es crucial reconocer la interconexión entre la adicción a Internet y las preocupaciones medioambientales. Las prácticas sostenibles, como la reducción del consumo de energía, el fomento del reciclaje electrónico y la concienciación sobre las repercusiones medioambientales de la adicción a la tecnología, son esenciales para mitigar los efectos perjudiciales tanto para las personas como para el medio ambiente. Al abordar la adicción a Internet, también podemos trabajar para crear una sociedad más sostenible y consciente del medio ambiente.

LA HUELLA DE CARBONO DIGITAL

Un aspecto crucial del avance tecnológico al que se ha prestado cada vez más atención en los últimos años es el concepto de huella de carbono digital. A medida que las industrias y los individuos dependen más de los dispositivos y servicios digitales, no puede ignorarse el impacto medioambiental de estas actividades digitales. La producción y eliminación de dispositivos electrónicos, así como el consumo de energía asociado al almacenamiento y transmisión de datos, contribuyen a la huella de carbono del mundo digital. Comprender y mitigar esta huella es esencial para el desarrollo sostenible y la conservación del medio ambiente. Los investigadores y los responsables políticos deben tener en cuenta las consecuencias medioambientales de nuestro estilo de vida digital y trabajar para aplicar estrategias que minimicen la huella de carbono de la era digital. Concienciando y promoviendo prácticas ecológicas en el ámbito digital, podemos luchar por un futuro más sostenible para nuestro planeta.

RESIDUOS ELECTRÓNICOS Y RETOS DEL RECICLAJE

Los residuos electrónicos suponen un reto importante para la sociedad, ya que la tecnología avanza a un ritmo vertiginoso, lo que conduce a la constante actualización y desecho de aparatos electrónicos. La eliminación de los residuos electrónicos presenta riesgos para el medio ambiente y la salud debido a componentes tóxicos como el plomo, el mercurio y el arsénico. El reciclaje de los residuos electrónicos es crucial para mitigar estos riesgos, pero este proceso se complica por la intrincada composición de los aparatos electrónicos. Separar los materiales valiosos de los residuos electrónicos requiere equipos y procesos especializados, lo que hace que el reciclaje sea costoso y consuma muchos recursos. Además, la recogida ineficaz y los sistemas de reciclaje desorganizados de muchos países contribuyen al problema mundial de los residuos electrónicos. Abordar estos retos exige un esfuerzo concertado de fabricantes, responsables políticos y consumidores para aplicar prácticas sostenibles de gestión de los residuos electrónicos y promover los principios de la economía circular en la industria electrónica.

CONSUMO ENERGÉTICO DE LAS INFRAESTRUCTURAS DIGITALES

El consumo energético de la infraestructura digital es una cuestión crítica que debe abordarse en la sociedad actual. A medida que avanza la tecnología, aumenta la demanda de servicios digitales y plataformas en línea, lo que provoca un aumento significativo del consumo de energía. El impacto medioambiental de este uso energético no puede ignorarse, ya que la dependencia de los combustibles fósiles para la generación de energía contribuye a las emisiones de gases de efecto invernadero y al cambio climático. Es esencial que los investigadores y los responsables políticos encuentren soluciones sostenibles para reducir el consumo de energía de la infraestructura digital sin dejar de satisfacer la creciente demanda de servicios digitales. Esto puede implicar invertir en fuentes de energía renovables, mejorar la eficiencia energética de los centros de datos y promover hábitos de consumo responsable entre los individuos. Al abordar el consumo energético de la infraestructura digital, podemos mitigar el impacto medioambiental de la tecnología y trabajar por un futuro más sostenible.

XXIX. EL PAPEL DE LA IA EN LA ADICCIÓN A INTERNET

Los recientes avances en inteligencia artificial han introducido nuevos retos en el ámbito de la adicción a Internet. Las empresas tecnológicas utilizan cada vez más algoritmos de IA para personalizar el contenido, mejorar la participación del usuario y aumentar la retención en la plataforma. Estas funciones impulsadas por la IA están diseñadas para explotar las vulnerabilidades psicológicas, lo que provoca patrones de comportamiento adictivos en los usuarios. Además, los sistemas de recomendación impulsados por la IA suelen crear burbujas de filtros, potenciando las cámaras de eco y reforzando los hábitos de navegación adictivos. Por otro lado, la inteligencia artificial también es prometedora para mitigar la adicción a Internet mediante el desarrollo de algoritmos que puedan rastrear y gestionar los comportamientos en línea, proporcionando intervenciones personalizadas y empujones para limitar el uso excesivo. Sin embargo, las implicaciones éticas de la vigilancia y la intervención de la IA en las actividades en línea de las personas deben considerarse cuidadosamente para evitar posibles violaciones de la privacidad y consecuencias no deseadas. Mientras navegamos por la compleja interacción entre la tecnología de IA y la adicción a Internet, es imperativo encontrar un equilibrio entre el aprovechamiento de la IA para intervenciones positivas y la protección contra su potencial para exacerbar las conductas adictivas.

LA IA EN LA SELECCIÓN DE CONTENIDOS ONLINE

La IA en la selección de contenidos en línea se ha convertido en una práctica prevalente en el panorama digital actual. A medida que avanza la tecnología de inteligencia artificial, se han ampliado las capacidades de la IA para clasificar y ofrecer información en línea. Los algoritmos de IA pueden analizar grandes cantidades de datos en tiempo real, permitiendo recomendaciones de contenidos más personalizadas y relevantes para los usuarios. Sin embargo, el uso de la IA en la selección de contenidos en línea plantea problemas de privacidad, seguridad de los datos y consideraciones éticas. Cuestiones como las burbujas de filtros, en las que los algoritmos sólo muestran a los usuarios contenidos que coinciden con sus creencias, pueden contribuir a la difusión de información errónea y polarizar las comunidades en línea. Por tanto, aunque la IA puede mejorar las experiencias de los usuarios adaptando los contenidos a las preferencias individuales, es crucial abordar las posibles repercusiones e implicaciones negativas de confiar únicamente en los algoritmos de IA para la selección de contenidos, a fin de mantener un entorno en línea equilibrado y diverso.

IA Y PERSONALIZACIÓN DE LA EXPERIENCIA DEL USUARIO

La IA ha revolucionado la personalización de las experiencias de los usuarios en las plataformas digitales. Mediante el análisis de grandes cantidades de datos, los algoritmos de IA pueden predecir las preferencias y comportamientos de los usuarios, dando lugar a recomendaciones y entrega de contenidos a medida. Este nivel de personalización aumenta el compromiso y la satisfacción del usuario, impulsando en última instancia el crecimiento del negocio. Sin embargo, el uso extensivo de la IA en la personalización también puede tener implicaciones negativas. La dependencia excesiva de las recomendaciones algorítmicas puede dar lugar a burbujas de filtros, en las que los usuarios sólo están expuestos a la información que se alinea con sus creencias existentes, reforzando las cámaras de eco y limitando la exposición a diversas perspectivas. Además, surgen preocupaciones en torno a la privacidad y la seguridad de los datos a medida que los sistemas de IA recopilan y analizan información personal para personalizar las experiencias. Lograr un equilibrio entre personalización y privacidad es crucial para navegar por el arma de doble filo de la IA en la personalización de la experiencia del usuario.

CONSIDERACIONES ÉTICAS DE LA IA EN LA PARTICIPACIÓN DEL USUARIO

Las consideraciones éticas en torno al uso de la IA en la participación de los usuarios son cruciales en el contexto de los avances tecnológicos y su impacto en la sociedad. La IA tiene el potencial de mejorar enormemente las experiencias de los usuarios personalizando las interacciones y prediciendo sus necesidades. Sin embargo, la recopilación y utilización de grandes cantidades de datos de los usuarios suscita preocupaciones sobre la privacidad, la seguridad y el posible uso indebido de la información. También entran en juego las implicaciones éticas de los algoritmos de IA que toman decisiones en nombre de los usuarios e influyen en el comportamiento. Las partes interesadas deben dar prioridad a la transparencia, la responsabilidad y el consentimiento del usuario en el desarrollo y despliegue de los sistemas de IA, garantizar la equidad y la no discriminación en las aplicaciones de IA es esencial para mantener las normas éticas. Al abordar estas consideraciones éticas de forma reflexiva y proactiva, los investigadores y los profesionales pueden aprovechar los beneficios de la IA al tiempo que mitigan los daños potenciales para las personas y la sociedad en su conjunto.

XXX. LA DICOTOMÍA ENTRE CONECTIVIDAD Y AISLAMIENTO

La dicotomía entre conectividad y aislamiento es una cuestión compleja que afecta a la sociedad moderna, especialmente en el ámbito de la tecnología. Por un lado, los avances tecnológicos han aportado niveles de conectividad sin precedentes, permitiendo a las personas comunicarse y colaborar con otras de todo el mundo de forma instantánea. Esta interconexión ha revolucionado nuestra forma de trabajar, socializar y acceder a la información. Sin embargo, la otra cara de esta conectividad es una creciente sensación de aislamiento y desconexión del mundo físico. El bombardeo constante de notificaciones, mensajes e interacciones en las redes sociales puede provocar una sensación de agobio y alejamiento de las relaciones y experiencias de la vida real. A medida que dependemos cada vez más de los dispositivos digitales para comunicarnos y entretenernos, la línea que separa la auténtica conexión humana de la interacción virtual se difumina. Es crucial que la sociedad encuentre un equilibrio entre el uso de la tecnología para la conectividad y el fomento de conexiones significativas cara a cara para combatir la sensación generalizada de aislamiento que la tecnología puede exacerbar.

LA ILUSIÓN DE ESTAR CONECTADO

Una de las paradojas de la era digital es la ilusión de estar conectados que crea la tecnología. Aunque estamos constantemente rodeados de pantallas y notificaciones, la calidad de nuestras conexiones puede ser superficial y carecer de profundidad. Esta ilusión de conexión puede conducir al aislamiento y la alienación, ya que la interacción humana real se sustituye por intercambios virtuales. Las personas pueden pasarse horas navegando por las redes sociales y, aun así, sentirse desconectadas y solas. Este fenómeno pone de relieve la doble cara de la tecnología, donde la promesa de conexión puede, paradójicamente, dar lugar a la desconexión. Comprender el impacto de esta ilusión en la salud mental y las relaciones sociales es crucial para abordar la prevalencia de la adicción a Internet en la sociedad actual. Examinando los factores subyacentes que contribuyen a esta ilusión, podemos desarrollar estrategias para fomentar conexiones auténticas y combatir los efectos negativos del tiempo excesivo frente a la pantalla.

LA REALIDAD DEL AISLAMIENTO SOCIAL

El aislamiento social es una preocupación creciente en la sociedad actual, exacerbada por la prevalencia de la tecnología y la adicción a Internet. La realidad del aislamiento social es un fenómeno complejo que puede tener graves repercusiones en la salud mental y el bienestar de una persona. La investigación ha demostrado que los periodos prolongados de aislamiento pueden provocar un aumento de los sentimientos de soledad, depresión y ansiedad. Además, el aislamiento social se ha relacionado con una serie de problemas de salud física, como hipertensión, enfermedades cardiovasculares e incluso un sistema inmunitario debilitado. En el contexto de la adicción a Internet, los individuos pueden ser más propensos a retirarse de las interacciones cara a cara, aislándose aún más en el mundo digital. Por ello, es crucial que los investigadores y los responsables políticos aborden la realidad del aislamiento social y su impacto en las personas en la sociedad actual, interconectada pero socialmente fragmentada.

ENCONTRAR EL EQUILIBRIO EN UN MUNDO CONECTADO DIGITALMENTE

Encontrar el equilibrio en un mundo conectado digitalmente es cada vez más difícil, ya que la tecnología sigue avanzando a un ritmo vertiginoso. El atractivo de la conectividad constante y la gratificación instantánea puede tener innumerables efectos negativos en el bienestar de las personas, como la adicción a Internet. Este problema generalizado se caracteriza por un uso excesivo de la tecnología, que lleva a descuidar las interacciones y responsabilidades de la vida real. Sin embargo, es esencial reconocer que la tecnología también aporta numerosos beneficios, como una mayor eficacia y conectividad. Es crucial encontrar un equilibrio entre utilizar la tecnología por sus ventajas y mantener los límites para evitar la adicción. Practicando el Mindfulness, poniendo límites al tiempo frente a la pantalla y dando prioridad a las interacciones cara a cara, las personas pueden cultivar una relación más sana con la tecnología. En última instancia, encontrar este equilibrio en un mundo conectado digitalmente es primordial para mantener el bienestar mental y emocional en la sociedad actual.

XXXI. EL IMPACTO DE LA ADICCIÓN A INTERNET EN LOS PATRONES DE SUEÑO

La prevalencia de la adicción a Internet se ha convertido en una preocupación creciente en la sociedad actual, en la que las personas pasan cada vez más tiempo en línea. Un área que se ha visto afectada significativamente por este fenómeno son los patrones de sueño. Las investigaciones han demostrado que las personas adictas a Internet suelen sufrir trastornos del sueño, lo que tiene una serie de consecuencias negativas para su salud y bienestar. El uso excesivo de dispositivos electrónicos antes de acostarse puede interferir en la producción de melatonina, una hormona que regula el sueño, lo que provoca dificultades para conciliar el sueño y una mala calidad del mismo. Además, el acceso constante a Internet puede hacer que las personas se queden despiertas hasta altas horas de la noche, participando en actividades en línea, y experimentando posteriormente privación de sueño. Este ciclo de adicción a Internet y patrones de sueño alterados puede tener efectos perjudiciales sobre las funciones cognitivas, la regulación del estado de ánimo y la calidad de vida en general. Por ello, es crucial abordar el impacto de la adicción a Internet en los patrones de sueño para promover un uso sano y equilibrado de la tecnología en la sociedad actual.

EXPOSICIÓN A LA LUZ AZUL Y RITMOS CIRCADIANOS

Se ha descubierto que la exposición a la luz azul tiene un impacto significativo en los ritmos circadianos, que son cruciales para mantener un ciclo saludable de sueño-vigilia. Los estudios han demostrado que la exposición a la luz azul, sobre todo la procedente de dispositivos electrónicos como teléfonos inteligentes y ordenadores portátiles, puede alterar la producción de melatonina, la hormona responsable de regular el sueño. Esta alteración puede provocar dificultades para conciliar el sueño y dar lugar a una mala calidad del mismo. A medida que la tecnología avanza y se integra cada vez más en la vida cotidiana, también ha aumentado la prevalencia de la exposición a la luz azul. Es importante que las personas sean conscientes de los efectos potenciales de la exposición a la luz azul en sus ritmos circadianos y tomen medidas para mitigar estos impactos, como utilizar filtros de luz azul en los dispositivos o limitar el tiempo de pantalla antes de acostarse. Al comprender la relación entre la exposición a la luz azul y los ritmos circadianos, las personas pueden tomar decisiones informadas sobre su uso de la tecnología para dar prioridad a su salud y bienestar generales.

CALIDAD DEL SUEÑO Y USO DE INTERNET ANTES DE ACOSTARSE

La investigación ha demostrado una asociación significativa entre la mala calidad del sueño y el uso excesivo de Internet antes de acostarse. La luz azul que emiten las pantallas puede alterar la producción de melatonina, una hormona que regula los ciclos de sueño-vigilia, lo que provoca dificultades para conciliar el sueño y reduce su duración. Además, participar en actividades online estimulantes puede activar el cerebro y aumentar el estado de alerta, dificultando la relajación y el descanso antes de acostarse. Esto puede dar lugar a un círculo vicioso de uso de Internet para relajarse, que a su vez interrumpe el sueño y conduce a la dependencia de más tiempo de pantalla para combatir la fatiga. A medida que la tecnología avanza y se integra más en la vida cotidiana, es crucial examinar el impacto del uso de Internet en la calidad del sueño y considerar intervenciones para promover rutinas más saludables a la hora de acostarse. Al abordar esta cuestión, las personas pueden mejorar su bienestar general y su productividad en la sociedad actual, impulsada por la tecnología.

ESTRATEGIAS PARA MEJORAR LA HIGIENE DEL SUEÑO

Las estrategias para mejorar la higiene del sueño entre las personas que luchan contra la adicción a Internet son esenciales para mitigar el impacto perjudicial sobre su bienestar general. Un enfoque eficaz es establecer una rutina de sueño coherente, en la que se fijen las horas de acostarse y levantarse para regular el reloj interno del cuerpo. Además, crear un entorno de sueño cómodo y libre de dispositivos electrónicos puede favorecer la relajación y mejorar la calidad del sueño. La terapia cognitivo-conductual también se ha mostrado prometedora para abordar las alteraciones del sueño asociadas al uso excesivo de la tecnología, identificando y modificando los patrones de pensamiento negativos que contribuyen al insomnio. Además, la incorporación de técnicas de relajación como la meditación mindfulness o la relajación muscular progresiva puede ayudar a reducir el estrés y mejorar la capacidad de conciliar el sueño. Aplicando estas estrategias, las personas pueden mejorar su higiene del sueño, lo que conduce a mejores resultados de salud mental y a un menor riesgo de problemas relacionados con la adicción a Internet.

XXXII. EL PAPEL DE LA ADICCIÓN A INTERNET EN LA PATERNIDAD MODERNA

En la paternidad moderna, el papel de la adicción a Internet se ha convertido en una preocupación acuciante. A medida que los padres dependen cada vez más de los dispositivos digitales para el entretenimiento, la comunicación y la información, ha aumentado el riesgo de desarrollar comportamientos poco saludables en torno al tiempo frente a la pantalla. Los niños son especialmente vulnerables al encanto de Internet, y los estudios demuestran que un uso excesivo puede provocar aislamiento social, bajo rendimiento académico e incluso problemas de salud mental. Por ello, los padres deben vigilar las actividades en línea de sus hijos y establecer límites para evitar las consecuencias negativas de la adicción a Internet. Sin embargo, también es importante reconocer los aspectos positivos de la tecnología en la educación y la conexión social. Encontrar un equilibrio entre los beneficios y los riesgos del uso de Internet es crucial para una crianza eficaz en la era digital. Promoviendo un comportamiento digital responsable y modelando hábitos saludables, los padres pueden capacitar a sus hijos para navegar por el mundo online de forma segura y responsable.

CONTROL PARENTAL Y VIGILANCIA

El control parental y la supervisión desempeñan un papel crucial a la hora de abordar el problema de la adicción a Internet y su impacto en la sociedad actual. Mediante el uso de herramientas de control parental, los padres pueden restringir el acceso a determinados sitios web y contenidos que pueden contribuir a conductas adictivas. El software de supervisión también puede proporcionar información sobre las actividades en línea de un niño, permitiendo a los padres identificar precozmente posibles señales de adicción. Sin embargo, es esencial que los padres encuentren un equilibrio entre la supervisión y la invasión de la intimidad de su hijo, ya que un control excesivo puede provocar sentimientos de desconfianza y rebelión. Por lo tanto, un enfoque de colaboración entre padres e hijos, que implique una comunicación abierta y el establecimiento conjunto de límites, es clave para utilizar eficazmente los controles parentales y la vigilancia para combatir la adicción a Internet. En última instancia, estas herramientas deben verse como un medio para promover hábitos digitales saludables y responsables, más que como una forma estricta de vigilancia.

MODELAR EL USO SALUDABLE DE INTERNET EN LOS NIÑOS

Modelar un uso saludable de Internet para los niños es crucial en la era digital actual. Los padres, los educadores y los responsables políticos desempeñan un papel importante en la formación de los comportamientos de los niños en Internet. Estableciendo límites claros, controlando el tiempo que pasan frente a la pantalla y fomentando las actividades fuera de línea, los adultos pueden inculcar buenos hábitos en Internet a los jóvenes. Además, fomentar una comunicación abierta sobre las experiencias en línea y los peligros potenciales puede ayudar a los niños a navegar por el mundo virtual con seguridad. Ofrecer modelos de conducta positivos y participar en actividades conjuntas en línea también puede fomentar un uso saludable de Internet. Los programas educativos centrados en la alfabetización digital y la ciberseguridad son esenciales para dotar a los niños de las habilidades necesarias para navegar por el paisaje en línea, en constante evolución. Fomentando el uso responsable de Internet desde una edad temprana, podemos ayudar a mitigar los riesgos de la adicción a Internet y garantizar que los niños se conviertan en individuos completos en la sociedad actual.

EL RETO DEL TIEMPO DE PANTALLA PARA LOS NIÑOS

El tiempo que los niños pasan frente a la pantalla se ha convertido en un problema acuciante en la sociedad actual, impulsada por la tecnología. El reto consiste en encontrar un equilibrio entre los beneficios de los dispositivos digitales con fines educativos y de entretenimiento y los posibles efectos perjudiciales de un tiempo excesivo frente a la pantalla en el desarrollo de los niños. Las investigaciones indican que el tiempo excesivo frente a la pantalla puede contribuir a problemas como la obesidad, la mala calidad del sueño y los problemas psicológicos. Los padres y cuidadores se enfrentan a la difícil tarea de navegar por el panorama digital y establecer límites adecuados al tiempo que pasan sus hijos frente a la pantalla. Estrategias como establecer límites, realizar actividades alternativas y fomentar el juego al aire libre pueden ayudar a mitigar el impacto negativo del tiempo excesivo frente a la pantalla. Abordando el reto del tiempo que los niños pasan frente a la pantalla de forma reflexiva y proactiva, podemos apoyar mejor el bienestar y el desarrollo saludable de la generación más joven en la era digital.

XXXIII. LA INFLUENCIA DE LA ADICCIÓN A INTERNET EN LA IMAGEN CORPORAL Y LA AUTOPERCEPCIÓN

El impacto de la adicción a Internet en la imagen corporal y la autopercepción es un aspecto crucial de la sociedad moderna que debe examinarse detenidamente. Las personas que pasan demasiado tiempo en Internet pueden verse expuestas a cánones de belleza poco realistas y a representaciones filtradas de la realidad, lo que provoca comparaciones negativas y sentimientos de inadecuación. Esto puede dar lugar a una autopercepción distorsionada y a una imagen corporal poco saludable, lo que en última instancia afecta a la salud mental y al bienestar. Las investigaciones han demostrado que quienes luchan contra la adicción a Internet pueden adoptar comportamientos compulsivos como hacerse selfies constantemente, editar fotos y buscar validación a través de likes y comentarios. Es esencial que la sociedad reconozca los efectos perjudiciales de la adicción a internet sobre la imagen corporal y la autopercepción para promover una relación más sana con la tecnología y con uno mismo. Mediante la concienciación y la aplicación de estrategias para controlar el uso de Internet, las personas pueden trabajar para cultivar una imagen positiva de sí mismas y mejorar su salud mental.

LOS MEDIOS SOCIALES Y LA PREOCUPACIÓN POR LA IMAGEN CORPORAL

Las redes sociales se han convertido en una plataforma destacada para que las personas se muestren en línea, lo que ha generado preocupación por la imagen corporal. Los estudios han demostrado una correlación entre el uso de las redes sociales y el aumento de la insatisfacción corporal, sobre todo entre las generaciones más jóvenes, que están expuestas a unos cánones de belleza poco realistas en Internet. La comparación constante con imágenes editadas y filtradas en las redes sociales puede contribuir a una baja autoestima y a una mala imagen corporal. Además, la presión por conseguir el cuerpo "perfecto" que se muestra en las redes sociales puede conducir a conductas alimentarias desordenadas y a otros problemas de salud mental. Es crucial que los investigadores y los profesionales de la salud mental aborden el impacto negativo de los medios sociales en la preocupación por la imagen corporal y promuevan la positividad corporal y la autoaceptación en la era digital. Comprendiendo la compleja relación entre los medios sociales y la imagen corporal, pueden desarrollarse intervenciones para ayudar a las personas a superar estos retos y fomentar una relación más sana con su cuerpo.

LA COMPARACIÓN ONLINE Y AUTOESTIMA

La proliferación de plataformas de medios sociales y de comparación en línea se ha relacionado con cambios en la autoestima de las personas. La exposición constante a versiones elaboradas y a menudo idealizadas de la vida de los demás en las redes sociales puede provocar sentimientos de inadecuación y baja autoestima. Los estudios han demostrado que las personas que se comparan con frecuencia en Internet tienen más probabilidades de sufrir consecuencias psicológicas negativas, como ansiedad y depresión. Por otra parte, algunas investigaciones también sugieren que la comparación en línea puede servir como fuente de motivación para la superación personal y el establecimiento de objetivos. Es crucial que los investigadores y los profesionales comprendan las complejidades de cómo afecta la comparación en línea a la autoestima y desarrollen estrategias para mitigar sus efectos negativos, aprovechando al mismo tiempo sus beneficios potenciales para el crecimiento personal y el bienestar en la actual sociedad conectada digitalmente.

PROMOVER UNA AUTOIMAGEN POSITIVA EN LA ERA DIGITAL

En la era digital, promover una imagen positiva de uno mismo es cada vez más importante, ya que las personas se ven bombardeadas con cánones de belleza poco realistas y ciberacoso a través de las plataformas de las redes sociales. Para abordar este problema, es vital llevar a cabo intervenciones que se centren en fomentar la autoestima, la autocompasión y la resiliencia entre las personas, especialmente entre los jóvenes, que son más vulnerables a los efectos negativos de las redes sociales. Las campañas de educación y sensibilización pueden desempeñar un papel crucial a la hora de ayudar a los individuos a navegar por el mundo online y desarrollar una relación sana con la tecnología. Además, crear espacios seguros en Internet donde las personas puedan expresarse libremente sin miedo a ser juzgadas o criticadas puede contribuir en gran medida a promover una imagen positiva de sí mismas. Abogando por la autoaceptación y promoviendo la autenticidad en el ámbito digital, podemos trabajar para crear un entorno en línea más solidario y empoderador para todas las personas.

XXXIV. RELACIÓN ENTRE LA ADICCIÓN A INTERNET Y LA SATISFACCIÓN LABORAL

El impacto de la adicción a Internet en la satisfacción laboral es un tema que ha suscitado cada vez más atención en los últimos años. Los estudios han demostrado que las personas que muestran signos de adicción a Internet, como el uso excesivo de las redes sociales o los juegos en línea, tienen más probabilidades de experimentar niveles más bajos de satisfacción laboral. Esto puede atribuirse a las consecuencias negativas de la adicción a Internet sobre la productividad, la concentración y el bienestar general en el lugar de trabajo. Además, los empleados que participan constantemente en actividades en línea pueden tener dificultades para mantener un equilibrio saludable entre la vida laboral y personal, lo que les lleva a sentirse agotados e insatisfechos con sus funciones laborales. Es crucial que las organizaciones aborden el problema de la adicción a Internet entre los empleados, aplicando estrategias para promover un uso saludable de Internet y crear un entorno laboral de apoyo que dé prioridad al bienestar de los empleados. Al reconocer la relación entre la adicción a Internet y la satisfacción laboral, los empresarios pueden tomar medidas proactivas para mejorar la satisfacción en el lugar de trabajo y la productividad general.

DISTRACCIONES ONLINE Y COMPROMISO LABORAL

Existe una creciente preocupación por el impacto de las distracciones en línea sobre el compromiso laboral en la sociedad actual. Aunque Internet ha proporcionado innumerables beneficios para la productividad y la comunicación, también supone una amenaza significativa para la capacidad de las personas de mantenerse concentradas y comprometidas con su trabajo. Estudios recientes han demostrado que el acceso constante a las redes sociales, el correo electrónico y otras plataformas en línea puede provocar una disminución de la capacidad de atención, un aumento de la procrastinación y una reducción general del rendimiento laboral. Este problema se ve agravado por la naturaleza adictiva de los dispositivos digitales, que puede dificultar que las personas desconecten y se sumerjan plenamente en sus tareas. Por lo tanto, es crucial que las organizaciones apliquen estrategias para ayudar a los empleados a gestionar eficazmente las distracciones en línea, como establecer límites al uso de la tecnología durante las horas de trabajo y promover prácticas de atención plena para mejorar el enfoque y la concentración. En definitiva, encontrar un equilibrio entre el uso de la tecnología y el compromiso laboral es esencial para mantener la productividad y el bienestar en la era digital.

EL TELETRABAJO Y LA DIFUMINACIÓN DE LOS LÍMITES ENTRE TRABAJO Y VIDA PRIVADA

El teletrabajo es cada vez más frecuente en la población activa actual, ya que los avances tecnológicos permiten trabajar a distancia. Aunque esto ofrece flexibilidad y comodidad, también difumina los límites entre el trabajo y la vida personal. La accesibilidad del correo electrónico laboral y de las herramientas de comunicación hace que a los empleados les resulte difícil desconectar del trabajo, lo que aumenta el estrés y el agotamiento. Además, la falta de separación física entre el hogar y la oficina puede alterar el equilibrio entre la vida laboral y personal, dificultando que las personas se dediquen plenamente a actividades personales y se recarguen de energía. En consecuencia, es crucial que las organizaciones establezcan políticas y límites claros en torno al teletrabajo para garantizar que los empleados puedan gestionar eficazmente su tiempo y mantener un equilibrio saludable entre trabajo y vida privada. Si se abordan estos retos, el teletrabajo puede ser un acuerdo beneficioso que fomente la productividad y el bienestar de los empleados.

ESTRATEGIAS PARA MANTENER LA SATISFACCIÓN LABORAL EN LA ERA DIGITAL

En la era digital, las estrategias para mantener la satisfacción laboral son cada vez más importantes, ya que los avances tecnológicos siguen remodelando el lugar de trabajo. Una estrategia clave es dar prioridad al equilibrio entre la vida laboral y personal estableciendo límites entre el trabajo y el tiempo personal, utilizando la tecnología para aumentar la eficiencia en lugar de permitir que difumine las líneas entre el trabajo y el ocio. Otro enfoque eficaz es que las organizaciones brinden oportunidades de desarrollo y crecimiento profesional, como ofrecer programas de formación para ayudar a los empleados a mantenerse al día en competencias digitales. Además, fomentar una cultura de comunicación abierta y retroalimentación puede aumentar el compromiso y la satisfacción laboral de los empleados. Aplicando estas estrategias, los individuos y las organizaciones pueden navegar por las complejidades de la era digital y promover un entorno laboral positivo que conduzca a la satisfacción laboral y al bienestar general.

XXXV. EL PAPEL DE LA ADICCIÓN A INTERNET EN SITUACIONES DE EMERGENCIA Y CRISIS

En situaciones de emergencia y crisis, el papel de la adicción a Internet puede tener repercusiones tanto positivas como negativas. Por un lado, Internet puede servir como valiosa herramienta de comunicación, coordinación y difusión de información crítica en momentos de crisis. Las personas adictas a Internet pueden utilizar su excesiva presencia en la red para mantenerse informadas, conectar con sus seres queridos y buscar ayuda cuando la necesiten. Sin embargo, no pueden pasarse por alto los efectos perjudiciales de la adicción a Internet. Quienes se sienten compulsivamente atraídos por Internet pueden descuidar sus responsabilidades en la vida real, no responder eficazmente en situaciones de emergencia y dar prioridad a sus actividades en línea sobre las emergencias reales. Esta falta de presencia y concentración puede obstaculizar la toma de decisiones y los esfuerzos de respuesta eficaces en tiempos de crisis. Por ello, es crucial reconocer y abordar el impacto de la adicción a Internet en situaciones de emergencia para garantizar el bienestar y la seguridad de las personas y las comunidades.

DIFUSIÓN DE INFORMACIÓN DURANTE LAS CRISIS

La difusión de información durante las crisis es un aspecto crucial de la gestión de las situaciones de emergencia. En la sociedad tecnológicamente avanzada de hoy en día, Internet desempeña un papel importante en la forma en que se distribuye la información en tiempos de crisis. Las plataformas de redes sociales, los sitios web y las aplicaciones para móviles son herramientas vitales para una comunicación y unas actualizaciones rápidas. Sin embargo, la abrumadora cantidad de información disponible en línea también puede dar lugar a desinformación y confusión. Es esencial que las agencias gubernamentales, las organizaciones y los individuos sean capaces de discernir las fuentes creíbles de la información falsa para evitar el pánico y garantizar la seguridad pública. Además, la velocidad a la que se difunde la información en Internet puede aliviar o agravar una situación de crisis, dependiendo de la exactitud y oportunidad de la información compartida. Por tanto, desarrollar estrategias para una difusión eficaz de la información en línea es primordial en la era digital actual para mitigar los efectos negativos de la desinformación durante las emergencias.

LA PROPAGACIÓN DE LA DESINFORMACIÓN Y EL PÁNICO

La propagación de la desinformación y el pánico en la sociedad actual es un problema preocupante exacerbado por la rápida difusión de la información a través de la tecnología. Con el auge de las plataformas de medios sociales y las aplicaciones de mensajería instantánea, la información falsa puede hacerse viral fácilmente, provocando pánico y confusión generalizados. La desinformación puede adoptar muchas formas, desde artículos de noticias engañosos hasta imágenes y vídeos manipulados, haciendo que las personas tomen decisiones mal informadas basándose en fuentes poco fiables. Esto puede tener graves consecuencias, como incitar al miedo y a la división en las comunidades, o incluso desencadenar crisis de salud pública. A medida que la tecnología sigue avanzando, es crucial que la sociedad esté atenta para verificar la exactitud de la información y fomentar la capacidad de pensamiento crítico para combatir la difusión de información errónea y evitar el pánico innecesario. Abordando esta cuestión de forma proactiva, podemos trabajar para crear una sociedad más informada y resistente en la era digital.

APROVECHAR INTERNET PARA LA GESTIÓN DE CRISIS

Dada la creciente prevalencia de las crisis en la sociedad actual, es imperativo explorar estrategias innovadoras para una gestión eficaz de las crisis. Una de ellas es la utilización de Internet como poderosa herramienta de respuesta a las crisis y de comunicación. Aprovechar Internet puede permitir la difusión de información en tiempo real a una amplia audiencia, facilitando la respuesta rápida y la coordinación entre las partes interesadas. Además, las plataformas de los medios sociales pueden aprovecharse para recopilar información de origen colectivo, lo que permite una comprensión más completa de la crisis y sus implicaciones. Sin embargo, aunque Internet ofrece ventajas significativas en la gestión de crisis, también presenta retos como la difusión de información errónea y el potencial de sobrecarga de información. Por lo tanto, es crucial que las organizaciones desarrollen estrategias sólidas para utilizar Internet con eficacia, mitigando al mismo tiempo sus inconvenientes. Aprovechando juiciosamente las capacidades de Internet, las organizaciones pueden potenciar sus esfuerzos de gestión de crisis y mejorar la resistencia general ante la adversidad.

XXXVI. LA ADICCIÓN A INTERNET Y LA BÚSQUEDA DE LA GRATIFICACIÓN INSTANTÁNEA

La proliferación de Internet ha planteado una nueva serie de retos, sobre todo en el ámbito de la adicción a Internet. Al ser bombardeados constantemente con información y estímulos, la búsqueda de gratificación instantánea se ha convertido en una fuerza impulsora del uso excesivo de Internet. Esta adicción a las recompensas rápidas y a la estimulación constante puede tener efectos perjudiciales para la salud mental y el bienestar general de las personas, y provocar una serie de consecuencias negativas. La adicción a Internet no sólo deteriora la función cognitiva y la capacidad de tomar decisiones, sino que también puede contribuir al aislamiento social y al deterioro de las relaciones interpersonales. Por tanto, es esencial reconocer los peligros del uso excesivo de Internet y trabajar para encontrar un equilibrio que permita disfrutar de los beneficios de la tecnología sin sucumbir a las trampas de la gratificación instantánea. Fomentando la concienciación y aplicando estrategias para promover hábitos saludables en Internet, las personas pueden mitigar el impacto negativo de la adicción a Internet en la sociedad.

NECESIDAD DE RESPUESTAS INMEDIATAS

En el contexto de la adicción a Internet y su impacto en la sociedad actual, uno de los aspectos críticos a considerar es la necesidad de respuestas inmediatas. A medida que la tecnología avanza a un ritmo acelerado, las personas dependen cada vez más de los dispositivos digitales y de Internet para diversos aspectos de su vida cotidiana. Esta dependencia puede conducir a la adicción, que puede tener efectos perjudiciales en el bienestar mental, emocional y físico de las personas. Por lo tanto, es crucial que la sociedad aborde este problema con prontitud y eficacia. Las respuestas inmediatas en forma de campañas de sensibilización, programas educativos y sistemas de apoyo pueden ayudar a las personas a reconocer y afrontar la adicción a Internet. Tomando medidas proactivas para combatir este problema creciente, podemos salvaguardar la salud mental y la calidad de vida general de las personas en el mundo actual, impulsado por la tecnología.

EL IMPACTO SOBRE LA PACIENCIA Y LA PERSEVERANCIA

En la sociedad actual, impulsada por la tecnología, en la que la gratificación instantánea es una norma, el impacto sobre la paciencia y la perseverancia se ha convertido en una preocupación importante. La facilidad de acceso a la información, el entretenimiento y la comunicación a través de Internet ha provocado una disminución de la capacidad de las personas para esperar resultados o mantenerse comprometidas con objetivos a largo plazo. La necesidad constante de estímulos y soluciones rápidas ha erosionado las virtudes de la paciencia y la perseverancia, cualidades esenciales para el éxito en diversos aspectos de la vida. A medida que las personas se acostumbran cada vez más a las respuestas y recompensas instantáneas, pueden tener dificultades para enfrentarse a retos que requieren tiempo y esfuerzo para superarlos. Este cambio de mentalidad puede tener profundas implicaciones en el desarrollo personal, las relaciones y el bienestar general. Es crucial que las personas reevalúen su relación con la tecnología y cultiven la paciencia y la perseverancia para prosperar en un mundo digital acelerado.

CONTRARRESTAR LA CULTURA DE LA GRATIFICACIÓN INSTANTÁNEA

Contrarrestar la cultura de gratificación instantánea propagada por la era digital es esencial para abordar el problema de la adicción a Internet en la sociedad actual. Un enfoque podría consistir en implantar programas educativos que fomenten la gratificación diferida y el autocontrol. Enseñar a las personas las ventajas de la paciencia y las recompensas a largo plazo puede ayudarles a resistirse al atractivo de la gratificación instantánea. Además, crear campañas de concienciación que destaquen las consecuencias negativas del tiempo excesivo frente a la pantalla y del uso de Internet también puede ser eficaz para reducir las conductas adictivas. Animar a las personas a participar en actividades fuera de línea que fomenten la atención plena, la interacción social y el bienestar físico puede proporcionar fuentes alternativas de satisfacción que no dependan de la gratificación instantánea. Promoviendo una cultura de moderación, atención plena y equilibrio, podemos ayudar a las personas a liberarse del ciclo de la gratificación instantánea y mitigar los efectos nocivos de la adicción a Internet en el conjunto de la sociedad.

XXXVII. LA INFLUENCIA DE LA ADICCIÓN A INTERNET EN EL COMPROMISO POLÍTICO

La adicción a Internet se ha convertido en un problema prevalente en la sociedad actual, en la que las personas pasan cada vez más tiempo en línea. Esta adicción puede tener un impacto significativo en el compromiso político, ya que las personas pueden dar prioridad a las actividades en línea sobre la participación en la vida cívica y política. El atractivo constante de las redes sociales, los juegos en línea y otras actividades de Internet puede desviar la atención de importantes debates y acciones políticas. Las investigaciones sugieren que quienes son adictos a Internet pueden ser menos propensos a participar en actividades políticas como votar, asistir a mítines y participar en actividades de promoción. Esta tendencia ha suscitado preocupación por las posibles consecuencias para la participación democrática y la salud general del discurso político. Por ello, es crucial que los responsables políticos y los investigadores aborden la influencia de la adicción a Internet en el compromiso político para garantizar una democracia sólida y participativa.

DISCURSO POLÍTICO ONLINE

El discurso político en línea se ha convertido en un aspecto crucial de la sociedad moderna, ya que Internet proporciona una plataforma para que las personas participen en debates políticos, expresen sus opiniones y se movilicen por el cambio social. Sin embargo, aunque Internet tiene el potencial de democratizar la participación política y dar voz a los grupos marginados, también presenta retos como la propagación de la desinformación, la polarización y las cámaras de eco. A medida que el panorama digital sigue evolucionando, es esencial que los investigadores examinen críticamente el impacto del discurso político online en la sociedad. Comprendiendo la dinámica de la comunicación política online, podemos desarrollar estrategias para promover debates informados y respetuosos, contrarrestar la desinformación y salvar las divisiones ideológicas. En última instancia, lograr un discurso político en línea sano y productivo es crucial para fomentar una ciudadanía bien informada y comprometida en la era digital actual.

EL PAPEL DE LOS MEDIOS SOCIALES EN LAS ELECCIONES

Las redes sociales se han convertido en una herramienta omnipresente en las campañas electorales modernas, y desempeñan un papel importante en la formación de la opinión pública y el discurso político. Plataformas como Facebook, Twitter e Instagram son ahora canales esenciales para que los candidatos lleguen a los votantes y difundan sus mensajes. La capacidad de compartir rápidamente información e interactuar con un vasto público ha revolucionado la forma en que se celebran las elecciones. Sin embargo, el impacto de las redes sociales en las elecciones no está exento de polémica. La difusión de información errónea, las cámaras de eco y la publicidad dirigida han suscitado preocupación por la manipulación de la opinión pública y los procesos democráticos. Además, la prevalencia de las noticias falsas y el sesgo algorítmico pueden polarizar aún más a las audiencias y socavar la integridad de los resultados electorales. Mientras navegamos por el complejo panorama de las redes sociales en las elecciones, es crucial evaluar críticamente su papel y sus posibles consecuencias para garantizar la transparencia, la rendición de cuentas y unas prácticas democráticas justas.

ACTIVISMO DIGITAL Y PARTICIPACIÓN CIUDADANA

El activismo digital ha surgido como una poderosa herramienta para fomentar el compromiso cívico y la participación en la sociedad contemporánea. A través de plataformas de medios sociales, campañas online y otros medios digitales, las personas pueden amplificar sus voces y movilizar apoyos para diversas causas sociales y políticas. Esto ha llevado a una democratización del activismo, permitiendo que los movimientos de base cobren impulso y desafíen las estructuras de poder tradicionales. Sin embargo, el auge del activismo digital también suscita preocupación por la posibilidad de que se creen cámaras de eco y burbujas de filtros, en las que las personas sólo se ven expuestas a perspectivas afines, lo que limita el pensamiento crítico y el diálogo. Además, la rápida difusión de información en línea también puede conducir a la propagación de información errónea y noticias falsas, lo que puede socavar la credibilidad de los esfuerzos del activismo digital. Como la tecnología sigue desempeñando un papel central en la configuración del discurso social, es esencial examinar críticamente el arma de doble filo del activismo digital y su impacto en la participación cívica.

XXXVIII. EL PAPEL DE LA ADICCIÓN A INTERNET EN LA CONSERVACIÓN Y EL CAMBIO CULTURAL

El papel de la adicción a Internet en la conservación y el cambio culturales es una cuestión compleja y polifacética que requiere un examen cuidadoso. Por un lado, Internet tiene el potencial de ser una poderosa herramienta para preservar y promover el patrimonio cultural, permitiendo la difusión de información y tradiciones a una audiencia global. Sin embargo, el uso excesivo de Internet también puede conducir a la adicción, que puede tener un impacto perjudicial en el compromiso de las personas con sus prácticas y tradiciones culturales. La adicción a Internet puede provocar una desconexión de la propia identidad cultural, ya que los individuos se absorben más en las actividades en línea y se implican menos en las experiencias culturales del mundo real. Es esencial que los investigadores y los responsables políticos comprendan las formas en que la adicción a Internet puede afectar a la conservación y el cambio culturales, con el fin de desarrollar estrategias para promover un uso saludable de Internet y, al mismo tiempo, salvaguardar el patrimonio cultural para las generaciones futuras.

ARCHIVOS DIGITALES Y PATRIMONIO CULTURAL

Los archivos digitales desempeñan un papel crucial en la conservación y promoción del patrimonio cultural en la actual era digital. Estos depósitos en línea contienen grandes cantidades de material cultural, como documentos, fotografías, vídeos y grabaciones de audio, y los hacen accesibles a un público mundial. Al digitalizar los artefactos culturales, los archivos pueden protegerlos del deterioro físico y garantizar su conservación a largo plazo. Además, los archivos digitales permiten a investigadores, estudiosos y al público en general acceder fácilmente a los materiales del patrimonio cultural desde cualquier parte del mundo y relacionarse con ellos. Sin embargo, la digitalización del patrimonio cultural también suscita preocupación por cuestiones como la seguridad de los datos, la infracción de los derechos de autor y la posible pérdida de autenticidad. Por tanto, es esencial que las instituciones y personas que participan en la creación de archivos digitales aborden estos retos mediante políticas y prácticas sólidas que garanticen la integridad y autenticidad de los materiales del patrimonio cultural en línea.

EL IMPACTO DE INTERNET EN LAS NORMAS CULTURALES

Internet ha revolucionado innegablemente la forma en que interactuamos entre nosotros y consumimos información, provocando cambios significativos en las normas culturales. La naturaleza sin fronteras de Internet ha facilitado un intercambio sin precedentes de ideas y tradiciones entre distintas sociedades, lo que ha dado lugar a la aparición de normas culturales globalizadas. Esta interconexión ha hecho que se difuminen las fronteras entre culturas, ya que ahora los individuos pueden acceder fácilmente a prácticas de todo el mundo y adoptarlas. Sin embargo, esta rápida difusión de las normas culturales también suscita preocupación por la posible erosión de los valores tradicionales y las identidades únicas. Además, la exposición constante a diversas perspectivas culturales en Internet puede poner en tela de juicio las creencias y normas establecidas dentro de las sociedades, provocando conflictos y tensiones. Así pues, aunque Internet ha ampliado sin duda nuestros horizontes culturales, su impacto en las normas culturales es un arma de doble filo que requiere una consideración y un análisis cuidadosos.

EL EQUILIBRIO ENTRE LA CONSERVACIÓN CULTURAL Y LA INNOVACIÓN

Una de las tensiones clave de la sociedad actual reside en encontrar el equilibrio entre la conservación cultural y la innovación. Por un lado, cada vez se hace más hincapié en preservar las prácticas culturales, las lenguas y las costumbres tradicionales para salvaguardar el patrimonio y la identidad. Sin embargo, en la era de los rápidos avances tecnológicos, también hay un impulso hacia la adopción de la innovación y las nuevas formas de pensar. Este dilema es especialmente evidente en el ámbito de la adicción a Internet, donde las personas son bombardeadas constantemente con nuevas tecnologías que pueden tanto enriquecer como desvirtuar sus experiencias culturales. A medida que nuestra sociedad se enfrenta a las implicaciones de la adicción a Internet, resulta crucial encontrar un equilibrio entre la conservación de los valores tradicionales y la adopción de los avances tecnológicos. Navegando por este delicado equilibrio, podemos garantizar que nuestro patrimonio cultural permanezca intacto, al tiempo que aprovechamos el potencial de la innovación para mejorar la sociedad.

XXXIX. LA ADICCIÓN A INTERNET Y EL CAMBIANTE PANORAMA DEL CONSUMO DE MEDIOS DE COMUNICACIÓN

A medida que la tecnología sigue avanzando a un ritmo vertiginoso, las formas en que los individuos consumen medios de comunicación evolucionan constantemente. Con el auge de Internet, ha surgido una nueva forma de adicción que ha atraído cada vez más la atención de investigadores y responsables políticos: la adicción a Internet. Este comportamiento adictivo asociado al uso excesivo de Internet tiene profundas implicaciones para la sociedad en su conjunto. No sólo afecta a la salud mental y física de las personas, sino que también transforma el panorama del consumo de medios de comunicación. A medida que la gente pasa más tiempo en Internet, las formas tradicionales de medios de comunicación, como la televisión y la prensa escrita, se ven eclipsadas por las plataformas digitales. Este cambio no sólo altera la forma en que se difunde la información, sino que también afecta a la industria publicitaria y a las normas sociales. Comprender la compleja relación entre la adicción a Internet y las cambiantes pautas de consumo de medios de comunicación es crucial para abordar los retos que plantea el uso excesivo de Internet en la era digital actual.

PASO DE LOS MEDIOS TRADICIONALES A LOS DIGITALES

El paso de los medios tradicionales a los digitales ha revolucionado la forma de difundir y consumir información en la sociedad moderna. Esta transición ha supuesto un aumento significativo del uso de plataformas online para noticias, entretenimiento y comunicación, lo que ha llevado a una democratización de la información en la que las personas pueden acceder a una amplia gama de contenidos al alcance de su mano. Sin embargo, a medida que la tecnología sigue avanzando, han surgido preocupaciones sobre los posibles efectos negativos del tiempo excesivo frente a la pantalla y la adicción a Internet en la salud mental y las relaciones sociales de las personas. Es imperativo que los investigadores y los responsables políticos aborden estas cuestiones y desarrollen estrategias que promuevan un equilibrio saludable entre las actividades online y offline para mitigar los efectos adversos de la tecnología en la sociedad actual. La evolución de los medios de comunicación de lo impreso a lo digital ofrece oportunidades inigualables de conectividad e intercambio de conocimientos, pero es esencial navegar por este paisaje con precaución para salvaguardar nuestro bienestar.

BINGE-WATCHING Y SERVICIOS DE STREAMING

El "binge-watching" o compulsividad y los servicios de streaming se han generalizado en la sociedad actual, ofreciendo a los espectadores la comodidad de ver varios episodios o películas consecutivamente. Aunque esta tendencia ha revolucionado la forma en que consumimos entretenimiento, también plantea riesgos potenciales en términos de adicción a Internet. Con la accesibilidad y las infinitas opciones disponibles en plataformas como Netflix o HBO, las personas pueden pasar demasiado tiempo en línea, lo que puede tener consecuencias negativas para su salud física y mental. Los estudios han demostrado que el tiempo prolongado frente a la pantalla puede provocar trastornos del sueño, fatiga visual y disminución de las interacciones sociales. Por lo tanto, es crucial que los investigadores y los responsables políticos aborden el impacto del "binge-watching" en la sociedad y desarrollen estrategias para promover un equilibrio saludable entre el uso de la tecnología y el bienestar general. Si comprendemos la doble cara de la tecnología, podremos navegar por el paisaje digital de forma más consciente y responsable.

EL FUTURO DE LOS MEDIOS DE COMUNICACIÓN Y EL ENTRETENIMIENTO

El futuro de los medios de comunicación y el entretenimiento está dando un giro transformador con el rápido avance de la tecnología. Con el auge de la realidad virtual y aumentada, la inteligencia artificial y las experiencias inmersivas, la forma en que consumimos medios de comunicación y entretenimiento está evolucionando a un ritmo vertiginoso. Estas tecnologías están reconfigurando la forma en que el público crea, distribuye y experimenta los contenidos. La convergencia de las formas tradicionales de los medios de comunicación con la tecnología de vanguardia está creando nuevas oportunidades para la narración, el compromiso y la interactividad. A medida que avanzamos, es esencial que los investigadores y los profesionales del sector exploren las implicaciones de estos avances en la sociedad, la cultura y el comportamiento individual. Comprender cómo afectan estos avances a cuestiones como la adicción a Internet, la salud mental y las relaciones sociales será crucial para configurar un futuro responsable y sostenible para los medios de comunicación y el entretenimiento. Si nos mantenemos a la vanguardia y analizamos críticamente la doble vertiente de la tecnología, podremos sortear los retos y las oportunidades que nos aguardan en este campo dinámico.

XL. EL PAPEL DE LA ADICCIÓN A INTERNET EN LA GESTIÓN DE LAS FINANZAS PERSONALES

La creciente prevalencia de la adicción a Internet tiene importantes implicaciones para la gestión de las finanzas personales. Las personas adictas a Internet pueden incurrir en compras excesivas por Internet, compras impulsivas o comportamientos financieros arriesgados, lo que tiene efectos perjudiciales para su bienestar financiero. Esta dependencia de Internet para comprar y entretenerse puede provocar gastos excesivos, acumulación de deudas y, en última instancia, obstaculizar la capacidad de ahorrar o invertir con sensatez. Además, el acceso constante a las plataformas online puede crear una falsa sensación de seguridad y gratificación instantánea, lo que dificulta que las personas establezcan objetivos financieros y se adhieran a ellos. En consecuencia, es crucial que las personas reconozcan el impacto de la adicción a Internet en sus hábitos financieros y busquen estrategias para mitigar sus efectos negativos, como poner en práctica herramientas presupuestarias, practicar la conciencia del gasto y buscar el apoyo de asesores o consejeros financieros. Al abordar el papel de la adicción a Internet en la gestión de las finanzas personales, las personas pueden dar pasos hacia la estabilidad y el bienestar financieros.

BANCA ELECTRÓNICA Y PLANIFICACIÓN FINANCIERA

La banca online y la planificación financiera se han convertido en aspectos integrales de la sociedad moderna, simplificando la forma en que las personas gestionan sus finanzas. La comodidad de la banca online permite a los clientes acceder a sus cuentas, transferir fondos y pagar facturas desde la comodidad de sus hogares. Además, las herramientas de planificación financiera en línea ofrecen estrategias personalizadas de presupuestación y ahorro, ayudando a las personas a alcanzar sus objetivos financieros con eficacia. Sin embargo, el auge de la banca electrónica también ha expuesto a los particulares a ciberamenazas y fallos de seguridad, lo que ha suscitado preocupación por la seguridad de la información personal y financiera. A medida que avanza la tecnología, es crucial que los particulares sean conscientes de los riesgos potenciales asociados a la banca electrónica y tomen medidas proactivas para salvaguardar sus datos financieros. Al encontrar un equilibrio entre comodidad y seguridad, los particulares pueden aprovechar plenamente las ventajas de la banca electrónica, protegiendo al mismo tiempo su bienestar financiero.

EL AUGE DE LAS APLICACIONES FINTECH Y DE INVERSIÓN

El auge de la tecnología financiera y las aplicaciones de inversión ha revolucionado la forma en que las personas se relacionan con los mercados financieros, ofreciendo mayor accesibilidad y comodidad a los usuarios. Estos avances tecnológicos han democratizado la inversión, permitiendo a los particulares acceder fácilmente a sus carteras y gestionarlas desde la comodidad de sus hogares. Con la proliferación de estas aplicaciones, los particulares pueden ahora tomar decisiones de inversión informadas basadas en datos y análisis en tiempo real, sin necesidad de recurrir a costosos asesores financieros o servicios de corretaje tradicionales. Sin embargo, esta mayor facilidad de acceso también presenta riesgos potenciales, ya que los usuarios inexpertos pueden ser más susceptibles de tomar decisiones de inversión impulsivas o de ser víctimas de estafas. A medida que la tecnología financiera sigue remodelando el panorama financiero, es esencial que los usuarios se informen sobre las mejores prácticas y estrategias de gestión de riesgos para asegurarse de que toman decisiones de inversión acertadas en un mundo cada vez más digital.

EL RIESGO DEL JUEGO ONLINE Y LAS ESTAFAS FINANCIERAS

El riesgo de estafas financieras y de juego online es una preocupación acuciante en la sociedad actual, sobre todo con la creciente accesibilidad y popularidad de las plataformas online. El anonimato y la comodidad que ofrece Internet facilitan que las personas adopten conductas de riesgo sin comprender plenamente las posibles consecuencias. El juego online, en particular, se ha relacionado con comportamientos adictivos y con la ruina económica de muchas personas que caen víctimas de su encanto. Del mismo modo, las estafas financieras se han vuelto más sofisticadas y generalizadas, y se dirigen a poblaciones vulnerables que pueden carecer de conocimientos o recursos para protegerse. Estos riesgos ponen de relieve la necesidad de una mayor educación y regulación para proteger a los consumidores de las trampas de las actividades en línea. Si abordamos estas cuestiones mediante estrategias globales que hagan hincapié en la protección de los consumidores y la educación financiera, podemos trabajar para conseguir un panorama digital más seguro para todas las personas.

XLI. EL IMPACTO DE LA ADICCIÓN A INTERNET EN LOS VIAJES Y LA EXPLORACIÓN

El impacto de la adicción a Internet en los viajes y la exploración puede ser significativo en la sociedad actual. A medida que los individuos están más absortos en sus actividades en línea, pueden dedicar menos tiempo a participar en experiencias del mundo real, como viajar y explorar. La adicción a Internet puede conducir a un estilo de vida sedentario, en el que los individuos prefieren quedarse en casa y ocuparse de sus dispositivos en lugar de aventurarse a salir al mundo. Esto puede tener implicaciones negativas para el crecimiento personal, el bienestar mental y la comprensión cultural. Además, el uso excesivo de Internet puede disminuir el deseo de vivir experiencias reales, lo que conduce a una disminución del turismo y la exploración. A medida que la tecnología sigue avanzando, es crucial comprender las repercusiones de la adicción a Internet en los viajes y la exploración, y encontrar formas de equilibrar los beneficios de la tecnología con la necesidad de experiencias del mundo real.

TURISMO VIRTUAL Y EXPLORACIÓN DIGITAL

El turismo virtual y la exploración digital han revolucionado la forma en que las personas experimentan los viajes y la aventura. Mediante las tecnologías de realidad virtual y las plataformas en línea, las personas pueden sumergirse en destinos lejanos sin salir de la comodidad de sus hogares. Esto ha abierto un nuevo abanico de posibilidades para quienes no tienen los medios o la oportunidad de viajar físicamente. Sin embargo, aunque el turismo virtual ofrece un acceso sin precedentes a distintas partes del mundo, también plantea interrogantes sobre la autenticidad de estas experiencias y el impacto en las comunidades locales. A medida que los estudiosos profundizan en las implicaciones de este cambio digital en el turismo, resulta crucial evaluar el equilibrio entre los beneficios de la exploración virtual y los posibles inconvenientes, como la mercantilización cultural y las repercusiones medioambientales. Comprender las complejidades del turismo virtual es vital para configurar prácticas responsables y sostenibles en la era digital.

LA INFLUENCIA DE LOS MEDIOS SOCIALES EN LA ELECCIÓN DE LOS VIAJES

La influencia de las redes sociales en la elección de los viajes es cada vez más importante en la sociedad actual. Con el auge de plataformas como Instagram, Facebook y Pinterest, las personas son bombardeadas constantemente con imágenes y reseñas de diversos destinos, lo que influye en su proceso de toma de decisiones a la hora de viajar. Las redes sociales no sólo sirven como fuente de inspiración, sino también como medio para compartir consejos, recomendaciones y experiencias con personas de ideas afines. A través de las redes sociales, los viajeros pueden acceder a información en tiempo real sobre distintos lugares, alojamientos y actividades, lo que les permite tomar decisiones más informadas. Sin embargo, la abrumadora cantidad de información disponible en estas plataformas también puede llevar a la parálisis en la toma de decisiones y a expectativas poco realistas. Es crucial que los viajeros evalúen críticamente la información que encuentran en las redes sociales y tomen decisiones que se ajusten a sus propias preferencias y valores para garantizar una experiencia de viaje satisfactoria.

VENTAJAS E INCONVENIENTES DE LA PLANIFICACIÓN DE VIAJES POR INTERNET

La planificación de viajes online ofrece numerosas ventajas, como comodidad, ahorro de costes y una amplia gama de opciones de alojamiento, actividades y transporte. Los viajeros pueden buscar destinos, leer opiniones y comparar precios con unos pocos clics, ahorrando tiempo y esfuerzo. Además, las plataformas de reservas online suelen ofrecer ofertas y descuentos exclusivos, lo que hace más asequible para los particulares planificar sus viajes. Sin embargo, también hay inconvenientes en la planificación de viajes online que deben tenerse en cuenta. La abundancia de opciones puede resultar abrumadora, lo que provoca fatiga en la toma de decisiones y sobrecarga de información. Además, confiar únicamente en los recursos en línea puede hacer que se pierdan recomendaciones personalizadas y conocimientos locales que pueden mejorar la experiencia general del viaje. Por tanto, aunque la planificación de viajes por Internet ofrece muchas ventajas, es esencial que los viajeros encuentren un equilibrio entre la comodidad digital y las experiencias de viaje auténticas.

XLII. LA ADICCIÓN A INTERNET Y LA EVOLUCIÓN DEL COMERCIO MINORISTA

La evolución del comercio minorista en la era de la adicción a Internet presenta un reto complejo y polifacético tanto para las empresas como para los consumidores. A medida que las personas dependen cada vez más de la comodidad y accesibilidad de las compras por Internet, el comercio tradicional se ve obligado a adaptarse para seguir siendo relevante y competitivo. El cambio hacia el comercio electrónico ha alterado fundamentalmente la forma de comprar y vender bienes y servicios, lo que ha llevado a una redefinición del comportamiento y las expectativas de los consumidores. Aunque Internet ofrece una comodidad y unas posibilidades de elección inigualables, también facilita comportamientos compulsivos y adictivos que pueden tener efectos perjudiciales para la salud mental y el bienestar económico. Mientras los minoristas navegan por este paisaje cambiante, es crucial abordar el impacto de la adicción a Internet en los hábitos y preferencias de los consumidores. Al comprender la interacción entre la tecnología y el comportamiento de los consumidores, las empresas pueden desarrollar estrategias para servir mejor a sus clientes, promoviendo al mismo tiempo prácticas de compra saludables.

EL CRECIMIENTO DEL COMERCIO ELECTRÓNICO

El comercio electrónico ha experimentado un crecimiento exponencial en los últimos años, revolucionando el funcionamiento de las empresas y la forma en que los consumidores realizan sus compras. Este auge del comercio minorista en línea puede atribuirse a los avances tecnológicos, al aumento de la penetración de Internet y al cambio de las preferencias de los consumidores hacia la comodidad y la accesibilidad. La comodidad de poder comprar desde casa, junto con la posibilidad de comparar precios y productos en cuestión de segundos, ha impulsado el comercio electrónico a la vanguardia del comercio minorista. Además, el auge del comercio electrónico móvil ha acelerado aún más este crecimiento, ya que el uso de teléfonos inteligentes sigue disparándose en todo el mundo. A medida que el comercio electrónico sigue evolucionando y expandiéndose, es crucial que las empresas se adapten a estos cambios y aprovechen el poder de las plataformas en línea para seguir siendo competitivas en el panorama digital actual. Además, los responsables políticos deben abordar los retos normativos asociados al comercio electrónico para garantizar un mercado justo y transparente para todas las partes implicadas.

EL DECLIVE DE LAS TIENDAS FÍSICAS

Uno de los efectos más significativos de la tecnología en la sociedad actual es el declive de las tiendas físicas. Con el auge de gigantes del comercio electrónico como Amazon, las tiendas minoristas tradicionales luchan por competir en la era digital. La comodidad, los precios más bajos y una selección más amplia de productos en línea han llevado a muchos consumidores a cambiar sus hábitos de compra, alejándose de las tiendas físicas. Esta tendencia se ha visto exacerbada por la pandemia de COVID-19, que obligó a muchas tiendas físicas a cerrar temporalmente sus puertas, provocando un mayor descenso del tráfico peatonal. Como consecuencia, muchas cadenas minoristas se han visto obligadas a reducir su tamaño o declararse en quiebra, lo que ha provocado pérdidas de empleo e inestabilidad económica en muchas comunidades. El reto para las tiendas físicas en el futuro será adaptarse al cambiante panorama del comercio minorista y encontrar formas de diferenciarse de sus competidores online para sobrevivir en este mundo cada vez más digital.

EL FUTURO DEL COMERCIO MINORISTA EN UN MUNDO DIGITAL

El futuro del comercio minorista en un mundo digital evoluciona rápidamente, impulsado por los avances tecnológicos y los cambios en el comportamiento de los consumidores. A medida que el comercio electrónico sigue expandiéndose, las tiendas tradicionales se enfrentan al reto de adaptarse para seguir siendo relevantes en un mercado tan competitivo. La integración de las experiencias de compra online y offline a través de estrategias omnicanal se ha convertido en algo esencial para que los minoristas ofrezcan un recorrido del cliente personalizado y sin fisuras. Con el auge de la inteligencia artificial y el análisis de big data, los minoristas pueden obtener información valiosa sobre las preferencias y el comportamiento de los consumidores, lo que les permite adaptar sus ofertas y estrategias de marketing en consecuencia. Además, el uso de tecnologías de realidad virtual y aumentada tiene el potencial de revolucionar la forma en que los consumidores compran, proporcionando experiencias inmersivas e interactivas. Sin embargo, a medida que los minoristas adoptan las innovaciones digitales, también deben abordar las preocupaciones en torno a la privacidad y la seguridad de los datos para crear y mantener la confianza de los consumidores en el panorama digital. El futuro del comercio minorista en un mundo digital encierra inmensas posibilidades de mejorar la experiencia de compra, pero también presenta retos que requieren planificación estratégica y adaptación.

XLIII. EL PAPEL DE LA ADICCIÓN A INTERNET EN EL CRECIMIENTO Y DESARROLLO PERSONAL

La adicción a Internet se ha convertido en un problema frecuente en la sociedad actual, en la que las personas pasan un tiempo excesivo en la red, lo que repercute negativamente en su crecimiento y desarrollo personal. Este comportamiento compulsivo puede impedir que las personas participen en actividades de la vida real que fomentan el crecimiento personal, como las interacciones sociales, el ejercicio físico y la persecución de objetivos significativos. La necesidad constante de validación y gratificación instantánea a través de las redes sociales y los juegos en línea puede distorsionar la percepción de la propia valía y obstaculizar el desarrollo de importantes habilidades vitales. Sin embargo, es crucial reconocer que, con la intervención y el apoyo adecuados, las personas que luchan contra la adicción a Internet pueden superar estos retos y emprender un camino hacia el crecimiento y el desarrollo personales. Si se abordan las causas subyacentes de la adicción a Internet y se promueven mecanismos de afrontamiento saludables, las personas pueden recuperar el control sobre sus comportamientos en línea y centrarse en fomentar su crecimiento y desarrollo personales.

APRENDIZAJE ONLINE Y ADQUISICIÓN DE COMPETENCIAS

El aprendizaje en línea ha revolucionado la forma en que las personas adquieren nuevas habilidades y conocimientos. Con la creciente disponibilidad de cursos y recursos en línea, ahora las personas pueden acceder a materiales educativos desde la comodidad de su propia casa. Esta accesibilidad ha abierto oportunidades para la adquisición de habilidades que antes estaban limitadas por la ubicación geográfica o las restricciones económicas. Las plataformas de aprendizaje en línea ofrecen una amplia gama de cursos en diversas materias, lo que permite a las personas adaptar su aprendizaje a sus necesidades e intereses específicos. Además, el aprendizaje en línea también ofrece oportunidades para que las personas desarrollen habilidades técnicas muy solicitadas en la economía digital actual. A medida que la tecnología siga avanzando, el aprendizaje en línea desempeñará un papel cada vez más importante para ayudar a las personas a adquirir las habilidades que necesitan para tener éxito en un mundo que cambia rápidamente.

EL POTENCIAL DE DISTRACCIÓN Y PROCRASTINACIÓN

El potencial de distracción y procrastinación en la sociedad actual ha aumentado exponencialmente con el uso generalizado de la tecnología, sobre todo de Internet. El acceso ilimitado a las redes sociales, los juegos en línea y las plataformas de streaming proporciona estímulos constantes que pueden desviar fácilmente a las personas de sus tareas. Este fenómeno puede provocar una disminución de la productividad, una mala gestión del tiempo y, en última instancia, una sensación de insatisfacción con los propios logros. Además, la gratificación instantánea y el entretenimiento que ofrecen las distracciones digitales pueden alimentar las tendencias a la procrastinación, dificultando que las personas se centren en tareas importantes y cumplan los plazos. En consecuencia, es crucial que las personas desarrollen la autodisciplina y establezcan límites en su uso de la tecnología para mitigar los efectos adversos de la distracción y la dilación en su vida diaria. Comprendiendo estos retos, podemos trabajar para encontrar estrategias eficaces para aprovechar las ventajas de la tecnología y minimizar sus inconvenientes.

EQUILIBRAR LOS RECURSOS ONLINE CON LOS OBJETIVOS DE DESARROLLO PERSONAL

En la era digital actual, encontrar un equilibrio entre la utilización de los recursos en línea para los objetivos de desarrollo personal y evitar las trampas de la adicción a Internet es una preocupación primordial. Es crucial que las personas aprovechen la gran cantidad de información y oportunidades educativas disponibles en Internet para mejorar sus habilidades, conocimientos y crecimiento personal. Sin embargo, una dependencia excesiva de las plataformas digitales puede tener consecuencias negativas, como una menor productividad, aislamiento social y problemas de salud mental. Así pues, las personas deben gestionar activamente su consumo en línea, estableciendo límites y fronteras para garantizar que las actividades en línea estén en consonancia con sus objetivos de desarrollo personal. Si son conscientes de sus comportamientos en línea y eligen conscientemente cómo relacionarse con la tecnología, pueden maximizar los beneficios de los recursos en línea, salvaguardando al mismo tiempo su bienestar mental y su crecimiento personal general. Encontrar el equilibrio entre los recursos online y los objetivos de desarrollo personal es esencial para navegar por las complejidades del mundo digital y prosperar en la sociedad actual.

XLIV. LA ADICCIÓN A INTERNET Y EL CONCEPTO DE PRIVACIDAD

La adicción a Internet se ha convertido en un problema acuciante en la sociedad actual, en la que las personas pasan un tiempo excesivo en línea en detrimento de su bienestar físico y mental. Un aspecto clave que agrava esta adicción es la erosión de la privacidad en la era digital. A medida que se comparte más y más información personal en Internet, las personas están constantemente expuestas a anuncios dirigidos, violaciones de datos y posibles violaciones de la privacidad. El concepto de privacidad, antaño un derecho fundamental, está ahora desdibujado en el ámbito de Internet, donde los algoritmos rastrean y analizan cada movimiento de los usuarios. Esta pérdida de privacidad no sólo contribuye a la naturaleza adictiva de Internet, sino que también plantea problemas éticos sobre la manipulación y explotación de las personas con fines lucrativos. Mientras nos enfrentamos a las consecuencias de la adicción a Internet, es crucial considerar también las implicaciones sobre la privacidad y la necesidad de medidas reguladoras sólidas para proteger a las personas en la era digital.

COMPARTIR INFORMACIÓN PERSONAL ONLINE

Compartir información personal en Internet se ha convertido en una práctica habitual en la era digital actual. Aunque Internet ofrece una plataforma para conectar con los demás y compartir aspectos de la vida personal, también expone a las personas a posibles riesgos para su intimidad y a problemas de seguridad. A medida que aumenta el número de personas que participan en las redes sociales y las comunidades en línea, la cantidad de información personal que se comparte sigue creciendo exponencialmente. Esta proliferación de datos personales puede dar lugar a problemas como la usurpación de identidad, el acoso en línea y el ciberacoso. Es esencial que las personas consideren cuidadosamente las posibles consecuencias de compartir información personal en línea y tomen medidas para proteger su privacidad y seguridad. Siendo conscientes de la información que comparten y aplicando una configuración de privacidad sólida, las personas pueden mitigar los riesgos asociados a compartir información personal en línea y salvaguardar sus identidades digitales.

LA EROSIÓN DE LA PRIVACIDAD EN LA ERA DIGITAL

Un problema crítico al que se enfrenta la sociedad en la era digital es la erosión de la privacidad. Con la proliferación de plataformas en línea, redes sociales y prácticas de recopilación de datos, las personas son cada vez más vulnerables a que su información personal quede expuesta o sea explotada sin su consentimiento. Esta erosión de la privacidad plantea importantes problemas éticos y sociales, ya que plantea cuestiones sobre el equilibrio entre los avances tecnológicos y los derechos individuales. A medida que las tecnologías digitales siguen evolucionando, crece la necesidad de salvaguardias y normativas para proteger la privacidad de las personas en el ámbito en línea. Sin medidas adecuadas, existe el riesgo de que se siga invadiendo la intimidad de las personas, lo que podría tener implicaciones para la autonomía, la libertad y la democracia. Es imperativo que los responsables políticos, las empresas tecnológicas y las personas por igual aborden estos retos y se esfuercen por crear un panorama digital que respete y defienda el derecho a la privacidad.

ESTRATEGIAS PARA PROTEGER LA INTIMIDAD PERSONAL EN INTERNET

En la era digital actual, la privacidad personal en Internet es un tema frecuentemente debatido y candente. A medida que la tecnología sigue avanzando exponencialmente, las personas deben estar atentas para proteger su información personal y evitar que caiga en manos equivocadas. Hay varias estrategias que pueden aplicarse para salvaguardar la privacidad personal en Internet, como utilizar contraseñas fuertes y únicas para cada cuenta en línea, activar la autenticación de dos factores siempre que sea posible, actualizar periódicamente la configuración de privacidad en las plataformas de redes sociales, ser cauteloso al compartir información personal en sitios web y utilizar redes privadas virtuales (VPN) de confianza para cifrar las conexiones a Internet. Empleando estas estrategias, las personas pueden mitigar los riesgos de que su información personal se vea comprometida y mantener una sensación de control sobre su privacidad en línea. En una época en la que las violaciones de datos y los ciberataques son cada vez más frecuentes, tomar medidas proactivas para proteger la privacidad personal en línea es esencial para preservar la seguridad digital y la confianza en el panorama en línea.

XLV. EL PAPEL DE LA ADICCIÓN A INTERNET EN LA FORMACIÓN DE LA IDENTIDAD

Al examinar el papel de la adicción a Internet en la formación de la identidad, es imperativo tener en cuenta la profunda influencia que la excesiva participación en la Red puede tener en el sentido del yo de las personas. Internet ofrece a las personas una plataforma para explorar diferentes personalidades, conectar con personas afines y buscar validación y aceptación. Sin embargo, cuando el uso de Internet se vuelve compulsivo e interfiere en el funcionamiento diario, puede distorsionar la percepción de uno mismo y la formación de la identidad. El atractivo de los mundos online y la gratificación instantánea que proporcionan pueden llevar a los individuos a dar prioridad a sus personajes online sobre sus interacciones y responsabilidades en la vida real. Este cambio de enfoque puede provocar una pérdida de autoexpresión auténtica y una dependencia de la validación externa para sentirse valorado. En última instancia, la adicción a Internet puede moldear la identidad de las personas dando prioridad a las conexiones virtuales sobre las experiencias del mundo real, lo que conduce a una desconexión entre el yo online y el yo offline.

PERSONAS ONLINE E IMPLICACIONES EN LA VIDA REAL

El fenómeno de las personas online y sus implicaciones en la vida real son cada vez más pertinentes en la era digital actual. A medida que las personas se dedican a crear y conservar sus identidades online a través de las plataformas de las redes sociales, a menudo proyectan versiones idealizadas de sí mismas al mundo. Estos personajes no siempre coinciden perfectamente con su verdadero yo, lo que provoca una desconexión entre las personalidades online y offline. Esta discrepancia puede tener profundas implicaciones para la salud mental, la autoestima y las relaciones personales. Los estudios han demostrado que una dependencia excesiva de los personajes online puede contribuir a sentimientos de soledad, depresión y ansiedad. Además, la presión por mantener una determinada imagen en Internet puede conducir a una falta de autenticidad y autenticidad en las interacciones de la vida real. Es esencial que las personas sean conscientes del impacto de su imagen en Internet en su bienestar general y se esfuercen activamente por lograr una mayor congruencia entre su yo digital y su yo físico.

LA BÚSQUEDA DE LA IDENTIDAD EN EL ÁMBITO DIGITAL

En el ámbito digital, donde los individuos pueden curar y construir personas online, la búsqueda de identidad adquiere una naturaleza polifacética y compleja. A medida que las personas navegan por las plataformas de las redes sociales, los foros en línea y las comunidades virtuales, se enfrentan constantemente al reto de definirse a sí mismas en este paisaje en evolución. El encanto del anonimato y la capacidad de presentar una versión curada de uno mismo puede conducir a una sensación de libertad y autoexpresión, pero también plantea cuestiones sobre la autenticidad y el verdadero yo. La búsqueda de la identidad en el ámbito digital está entrelazada con cuestiones de autopresentación, validación y el impacto de la validación externa en el sentido de la propia valía. A medida que la tecnología sigue dando forma a nuestras interacciones y percepciones de nosotros mismos, es crucial examinar críticamente las implicaciones de estas identidades digitales en los individuos y en la sociedad en su conjunto.

LA INFLUENCIA DE LAS COMUNIDADES ONLINE EN LA AUTOPERCEPCIÓN

La influencia de las comunidades online en la autopercepción es un tema complejo y polifacético que requiere un examen cuidadoso. Las comunidades online tienen el potencial de influir tanto positiva como negativamente en la autopercepción de los individuos. Por un lado, estas comunidades pueden proporcionar un sentimiento de pertenencia, apoyo y validación, que puede mejorar la autoestima y la autovaloración de los individuos. Sin embargo, por otro lado, las comunidades online también pueden perpetuar unos cánones de belleza poco realistas, llevar a la comparación y contribuir a sentimientos de inadecuación y baja autoestima. Es esencial considerar las formas en que los individuos interactúan con las comunidades online y cómo estas interacciones conforman la percepción que tienen de sí mismos. Comprender los matices de esta relación es crucial para abordar los daños potenciales de las comunidades online y promover una autopercepción positiva en la sociedad actual.

XLVI. LA ADICCIÓN A INTERNET Y LA NOCIÓN DE GESTIÓN DEL TIEMPO

El concepto de adicción a Internet es una preocupación creciente en la sociedad actual, en la que las personas dependen cada vez más de sus dispositivos digitales para entretenerse, comunicarse y trabajar. Uno de los principales problemas asociados a la adicción a Internet es el impacto que tiene en la gestión del tiempo. A medida que pasan más tiempo conectados, suelen descuidar otras tareas y responsabilidades importantes de su vida, lo que provoca una sensación de desequilibrio y pérdida de control. Esta falta de gestión del tiempo puede tener graves consecuencias para la salud mental, la productividad y el bienestar general. Es crucial que las personas reconozcan los signos de la adicción a Internet y tomen medidas proactivas para gestionar su tiempo con eficacia. Fijando límites, estableciendo prioridades y buscando apoyo cuando sea necesario, las personas pueden recuperar el control de su tiempo y reducir los efectos negativos de la adicción a Internet en su vida cotidiana.

LA PERCEPCIÓN DEL TIEMPO PASADO ONLINE

La percepción del tiempo que se pasa en línea es un aspecto fundamental para comprender la adicción a Internet y su impacto en la sociedad actual. Los individuos varían en cómo perciben el tiempo que pasan en línea; algunos pueden sentir una sensación de logro y productividad, mientras que otros pueden experimentar culpa o ansiedad por el tiempo excesivo frente a la pantalla. En esta percepción influyen factores como las normas sociales, las creencias personales y las influencias culturales. La investigación ha demostrado que el uso excesivo de Internet puede tener consecuencias negativas, como el deterioro del funcionamiento social, la disminución de las capacidades cognitivas e incluso problemas de salud física. Es importante que los investigadores y los profesionales tengan en cuenta cómo perciben los individuos su comportamiento en línea, a fin de desarrollar intervenciones y estrategias eficaces para mitigar los efectos nocivos de la adicción a Internet. Si comprendemos la percepción del tiempo que se pasa en línea, podremos abordar mejor las complejidades del uso de la tecnología en la sociedad actual.

HERRAMIENTAS Y TÉCNICAS PARA UNA GESTIÓN EFICAZ DEL TIEMPO

Las herramientas y técnicas para una gestión eficaz del tiempo son cruciales en la acelerada sociedad actual, sobre todo a medida que aumenta la dependencia de la tecnología. Un método que ha demostrado su eficacia es el uso de aplicaciones de seguimiento del tiempo, que pueden ayudar a las personas a controlar sus actividades e identificar hábitos de pérdida de tiempo. Otra herramienta útil es la Matriz de Eisenhower, que clasifica las tareas en función de su urgencia e importancia, lo que permite priorizarlas mejor. Además, se ha demostrado que la Técnica Pomodoro, que utiliza intervalos de trabajo concentrado seguidos de breves descansos, aumenta la productividad y previene el agotamiento. Utilizando estas herramientas junto con la fijación de objetivos claros, el establecimiento de rutinas y la práctica de la autodisciplina, las personas pueden gestionar eficazmente su tiempo en un mundo cada vez más digital. Estas estrategias no sólo fomentan la eficiencia y la eficacia, sino que también ayudan a combatir los efectos negativos de las distracciones inducidas por la tecnología en la vida cotidiana.

EL RETO DE EQUILIBRAR EL TIEMPO ONLINE Y OFFLINE

El reto de equilibrar el tiempo online y offline en la sociedad actual se ha vuelto cada vez más complejo con la amplia disponibilidad y accesibilidad de la tecnología. Como las personas están constantemente rodeadas de teléfonos inteligentes, ordenadores y otros dispositivos, encontrar un equilibrio saludable entre las interacciones digitales y las del mundo real se ha convertido en una cuestión acuciante. Este acto de equilibrio es crucial para mantener el bienestar mental, las relaciones sociales y la productividad general. Pasar demasiado tiempo conectado puede provocar sentimientos de aislamiento, ansiedad y una menor sensación de presencia en el mundo físico. Por otra parte, desconectarse completamente del mundo online puede hacer que se pierdan oportunidades de aprendizaje, comunicación y conexión. Por lo tanto, las personas deben esforzarse por encontrar un término medio que les permita aprovechar las ventajas de la tecnología y, al mismo tiempo, dar prioridad a las interacciones cara a cara significativas y a las actividades de autocuidado. Gestionando activamente las actividades online y offline, las personas pueden mitigar los efectos negativos del tiempo excesivo frente a la pantalla y garantizar un estilo de vida más equilibrado y satisfactorio.

XLVII. EL PAPEL DE LA ADICCIÓN A INTERNET EN LA ELECCIÓN DEL ESTILO DE VIDA

La adicción a Internet se ha convertido en un importante motivo de preocupación en la sociedad moderna, que afecta a diversos aspectos del estilo de vida de las personas. El uso excesivo de Internet puede tener efectos perjudiciales sobre la salud física, las relaciones sociales y el bienestar general. Las investigaciones indican que las personas adictas a Internet suelen dar prioridad a las actividades en línea sobre las interacciones en la vida real, lo que conduce a una disminución de la comunicación cara a cara y de las habilidades sociales. Además, la conectividad constante y la gratificación instantánea que proporciona Internet pueden contribuir a hábitos poco saludables, como la privación de sueño, las malas elecciones dietéticas y el comportamiento sedentario. Por ello, comprender el papel de la adicción a Internet en las elecciones de estilo de vida es crucial para abordar las consecuencias negativas asociadas al uso excesivo de Internet y promover un enfoque equilibrado de la tecnología en la sociedad actual.

LA INFLUENCIA EN LAS RUTINAS DE SALUD Y FORMA FÍSICA

En la sociedad actual, no se puede subestimar la influencia de la tecnología en las rutinas de salud y forma física. Aunque los avances tecnológicos han dado lugar a la proliferación de aplicaciones de fitness, dispositivos portátiles y recursos en línea que pueden ayudar a las personas a alcanzar sus objetivos de salud, también existe una creciente preocupación por el impacto negativo del exceso de tiempo frente a la pantalla y del comportamiento sedentario en el bienestar general. La comodidad de los entrenamientos virtuales y la monitorización a distancia puede promover un estilo de vida más activo, pero también puede contribuir a un estilo de vida sedentario si no se equilibra con actividad física. Además, la naturaleza adictiva de la tecnología, sobre todo de las redes sociales y los juegos, puede llevar a la adicción a Internet, lo que dificulta aún más que las personas adopten hábitos saludables. Mientras los investigadores siguen explorando el arma de doble filo que supone la tecnología para la salud y la forma física, es crucial que las personas encuentren un equilibrio que maximice los beneficios y minimice los riesgos asociados a un tiempo excesivo frente a la pantalla y a un comportamiento sedentario.

TENDENCIAS DIGITALES DE DESINTOXICACIÓN Y BIENESTAR

La prevalencia cada vez mayor de las tendencias de desintoxicación digital y bienestar en la sociedad actual pone de relieve la creciente concienciación sobre el posible impacto negativo de la tecnología en el bienestar mental y físico. A medida que las personas experimentan mayores niveles de estrés, ansiedad y agotamiento debido a la conectividad constante, el concepto de desconectar y descansar de las pantallas ha ido ganando adeptos como forma de rejuvenecer y recentrarse. Los retiros de desintoxicación digital, las aplicaciones de mindfulness y las prácticas de bienestar están surgiendo como soluciones populares para combatir los efectos adversos de la adicción a Internet. Sin embargo, aunque estas tendencias ofrecen una vía prometedora para fomentar el autocuidado y el equilibrio en un mundo impulsado por la tecnología, es crucial evaluar críticamente su eficacia y sostenibilidad a la hora de abordar las causas profundas del tiempo excesivo frente a la pantalla. A medida que los investigadores profundizan en la comprensión de los matices de las intervenciones digitales de desintoxicación y bienestar, se hace imperativo explorar sus implicaciones a largo plazo para el bienestar individual y las normas sociales.

LA INTEGRACIÓN DE LA TECNOLOGÍA EN LA VIDA COTIDIANA

La integración de la tecnología en la vida cotidiana se ha generalizado, revolucionando la forma en que las personas se comunican, trabajan e interactúan con el mundo que les rodea. Con el auge de los teléfonos inteligentes, las tabletas y otros dispositivos digitales, las personas están constantemente conectadas a una vasta red de información y relaciones sociales. Esta conectividad sin fisuras ha transformado la forma en que accedemos a la información, hacemos negocios y nos entretenemos. Sin embargo, esta dependencia de la tecnología también ha suscitado preocupación por la adicción a Internet y su impacto en la sociedad. Aunque la tecnología ofrece numerosas ventajas, como una mayor eficacia y comodidad, su uso excesivo puede tener consecuencias negativas, como el aislamiento, los trastornos del sueño y la disminución de la productividad. Es crucial que las personas encuentren un equilibrio entre el uso eficaz de la tecnología y el mantenimiento de unos límites saludables para prevenir la aparición de la adicción a Internet y sus efectos perjudiciales sobre la salud mental y el bienestar general.

XLVIII. LA ADICCIÓN A INTERNET Y EL CONCEPTO DE REALIDAD

La prevalencia de la adicción a Internet ha suscitado preocupación por su impacto en la percepción de la realidad de los individuos. A medida que las personas pasan más tiempo en Internet, pueden desconectarse del mundo tangible que les rodea, difuminando los límites entre las realidades virtual y física. Esto puede conducir a un sentido distorsionado del yo, ya que los individuos pueden dar prioridad a sus personajes en línea sobre sus relaciones y responsabilidades en la vida real. Además, la exposición constante a contenidos curados en las plataformas de las redes sociales agrava aún más este problema, creando normas y expectativas poco realistas para las personas. Es crucial reconocer las posibles consecuencias de la adicción a Internet en la percepción de la realidad y tomar medidas para abordar este problema. Promoviendo la alfabetización digital y el Mindfulness, las personas pueden desarrollar una relación más sana con la tecnología y mantener una perspectiva equilibrada del mundo virtual y la realidad tangible.

EXPERIENCIAS DE REALIDAD VIRTUAL Y REALIDAD AUMENTADA

Las experiencias de Realidad Virtual (RV) y Realidad Aumentada (RA) se han convertido en elementos destacados de la sociedad actual, ofreciendo formas innovadoras de interactuar con los contenidos digitales. Estas tecnologías proporcionan a los usuarios experiencias inmersivas y realistas que pueden mejorar el aprendizaje, la formación, el entretenimiento e incluso las intervenciones terapéuticas. El uso de la RV y la RA puede revolucionar varios sectores, como la sanidad, la educación, los juegos y el marketing. Al permitir a los usuarios interactuar con entornos digitales de forma más interactiva y atractiva, las experiencias de RV y RA pueden influir significativamente en la forma en que las personas perciben el mundo que les rodea e interactúan con él. Sin embargo, a medida que estas tecnologías se hacen más frecuentes, también han surgido preocupaciones sobre la privacidad, las implicaciones éticas y la posible adicción. Es esencial que los investigadores y los profesionales examinen detenidamente la doble vertiente de las experiencias de RV y RA para maximizar sus beneficios y minimizar sus inconvenientes en la sociedad actual.

LA DIFUMINACIÓN DE LAS FRONTERAS ENTRE LAS REALIDADES VIRTUAL Y REAL

En la sociedad contemporánea, los límites entre la realidad virtual y la real son cada vez más difusos, lo que suscita una gran preocupación por el impacto de este fenómeno en los individuos y en la sociedad en su conjunto. Con el uso generalizado de tecnologías inmersivas como la realidad virtual, la realidad aumentada y las plataformas de medios sociales, los individuos pasan más tiempo en entornos digitales, a menudo a expensas de las interacciones y experiencias del mundo real. Este cambio plantea interrogantes sobre las posibles consecuencias de este comportamiento para la salud mental, las relaciones sociales y el bienestar general. Además, la conectividad constante que ofrecen estas tecnologías ha provocado una sensación de desapego y desconexión del mundo físico, lo que complica aún más la distinción entre las realidades virtual y real. A medida que los investigadores profundizan en la comprensión de las implicaciones de esta difuminación de las líneas, se hace cada vez más crítico abordar las implicaciones éticas, psicológicas y sociales de nuestra relación evolutiva con la tecnología.

LOS EFECTOS PSICOLÓGICOS DE LAS TECNOLOGÍAS INMERSIVAS

Los efectos psicológicos de las tecnologías inmersivas se han convertido en una preocupación acuciante en la sociedad actual, ya que los individuos se encuentran cada vez más absortos en mundos virtuales y desconectados de la realidad. La investigación ha demostrado que el uso prolongado de tecnologías inmersivas como la realidad virtual o la realidad aumentada puede provocar síntomas parecidos a la adicción, como abstinencia, tolerancia y ansia. Estas tecnologías pueden alterar la percepción de uno mismo y de la realidad, difuminando los límites entre el mundo virtual y el físico. Esto puede dar lugar a una desconexión de las relaciones y responsabilidades del mundo real, con el consiguiente aumento de los sentimientos de soledad, ansiedad y depresión. A medida que las tecnologías inmersivas siguen avanzando y haciéndose más accesibles, es crucial que los investigadores y los responsables políticos aborden el posible impacto psicológico en los individuos y en la sociedad en su conjunto. Comprendiendo y mitigando estos efectos, podemos aprovechar los beneficios de las tecnologías inmersivas minimizando sus consecuencias negativas.

XLIX. EL PAPEL DE LA ADICCIÓN A INTERNET EN LA CONSTRUCCIÓN DE LA COMUNIDAD

El papel de la adicción a Internet en la construcción de la comunidad, tal como se explora en esta investigación doctoral, presenta una compleja interacción entre la tecnología y la dinámica social. La adicción a Internet, caracterizada por un uso excesivo de las plataformas online en detrimento del propio funcionamiento diario, puede tener implicaciones significativas para la cohesión y la interacción de la comunidad. Por un lado, Internet ofrece oportunidades sin precedentes para que las personas se conecten, colaboren y se comprometan con una audiencia global, fomentando así la creación de comunidades a una escala nunca antes posible. Sin embargo, el uso excesivo de Internet que conduce a la adicción también puede aislar a los individuos de las interacciones comunitarias físicas y disminuir la calidad de las relaciones cara a cara. Comprender el impacto de la adicción a Internet en la construcción de la comunidad es crucial para desarrollar estrategias que mitiguen sus consecuencias negativas, al tiempo que se aprovecha el potencial de la conectividad online para mejorar la cohesión social en la sociedad actual.

COMUNIDADES ONLINE Y APOYO SOCIAL

Las comunidades online se han convertido en una fuente prevalente de apoyo social para las personas en la sociedad actual, ya que ofrecen una plataforma de conexión e interacción con individuos de ideas afines. Estos espacios virtuales brindan a los individuos la oportunidad de compartir experiencias, buscar consejo y recibir apoyo emocional de otras personas que se enfrentan a retos similares. La investigación ha demostrado que las comunidades en línea pueden tener un impacto significativo en el bienestar, ofreciendo un sentimiento de pertenencia y reduciendo los sentimientos de aislamiento. Sin embargo, es esencial reconocer los posibles inconvenientes de la dependencia de las comunidades online para el apoyo social, como el desarrollo de la adicción a Internet y la disminución de las interacciones sociales cara a cara. Comprender la doble vertiente de las comunidades online y considerar las implicaciones de un uso excesivo es crucial para promover un enfoque equilibrado de la utilización de la tecnología como apoyo social.

EL POTENCIAL DE LAS CÁMARAS DE ECO Y LA POLARIZACIÓN

La proliferación de las tecnologías digitales ha revolucionado la forma en que se comparte y consume la información, lo que ha provocado el aumento de las cámaras de eco y la polarización en los espacios en línea. Las cámaras de eco son espacios virtuales en los que las personas sólo están expuestas a información que coincide con sus creencias, lo que refuerza su visión del mundo y crea un bucle de retroalimentación del sesgo de confirmación. Este fenómeno puede reducir las perspectivas, disminuir la capacidad de pensamiento crítico y exacerbar la polarización de la sociedad. A medida que los individuos se retiran a estos enclaves digitales, es menos probable que se comprometan con puntos de vista diversos, lo que conduce a una fragmentación del discurso público y a una erosión de la empatía. Para hacer frente a las consecuencias negativas de las cámaras de eco y la polarización, es crucial que las personas busquen activamente perspectivas diversas, participen en un discurso civil y evalúen críticamente la información que encuentran en Internet. Sólo promoviendo el diálogo y la comprensión podremos mitigar los efectos nocivos de las cámaras de eco y la polarización en la era digital.

FOMENTAR ESPACIOS ONLINE INCLUSIVOS Y DIVERSOS

Fomentar espacios online inclusivos y diversos es crucial para abordar el problema de la adicción a Internet y su impacto en la sociedad actual. Al crear entornos que acojan a personas de todos los orígenes, culturas e identidades, los espacios en línea pueden proporcionar un sentimiento de pertenencia y conexión que puede ayudar a mitigar el posible aislamiento y desconexión que pueden conducir a un uso excesivo de Internet. Estrategias como implantar una representación diversa en los medios de comunicación, promover una comunicación respetuosa y combatir activamente la discriminación y el acoso en línea son fundamentales para fomentar la inclusividad. Además, crear oportunidades para que las personas se comprometan con diferentes perspectivas y aprendan unas de otras puede ayudar a fomentar la comprensión y la empatía, reduciendo así la probabilidad de utilizar Internet como medio de evasión o escapismo. En última instancia, al dar prioridad a la inclusión y la diversidad en los espacios en línea, podemos trabajar por una relación más sana y equilibrada con la tecnología en la sociedad actual.

L. LA ADICCIÓN A INTERNET Y LA BÚSQUEDA DE LA FELICIDAD

La adicción a Internet es una preocupación creciente en la sociedad actual, en la que las personas pasan cada vez más tiempo en línea, a menudo a expensas de las relaciones y responsabilidades del mundo real. La búsqueda de la felicidad, un deseo humano fundamental, puede verse obstaculizada por una adicción al mundo virtual, ya que puede provocar sentimientos de aislamiento, ansiedad y depresión. Los estudios han demostrado que el uso excesivo de Internet puede alterar el sistema de recompensa del cerebro, de forma similar a los efectos del abuso de sustancias, dificultando que las personas se sientan satisfechas con las experiencias fuera de línea. Además, la estimulación constante y la gratificación instantánea que ofrece Internet pueden crear un ciclo de comportamiento compulsivo difícil de romper. A medida que los investigadores profundizan en el impacto de la adicción a Internet sobre la salud mental y el bienestar, cada vez está más claro que encontrar un equilibrio entre las actividades online y offline es esencial para una vida plena y feliz.

LA BÚSQUEDA DE LA REALIZACIÓN ONLINE

En el ámbito de las interacciones online, la búsqueda de satisfacción es un fenómeno frecuente y complejo. Las personas acuden a Internet en busca de conexión, validación y propósito. Ya sea a través de plataformas de medios sociales, comunidades online o servicios de terapia digital, el mundo virtual ofrece una plétora de vías para que los individuos exploren y naveguen en su búsqueda de la plenitud. Esta búsqueda se alimenta de la necesidad inherente al ser humano de pertenencia y autorrealización, que a menudo se ve amplificada por las posibilidades del entorno digital. Sin embargo, el atractivo de la gratificación instantánea y la omnipresencia de la tecnología también pueden tener consecuencias perjudiciales, como la adicción a Internet y el aislamiento social. A medida que la tecnología sigue reconfigurando las formas en que los individuos buscan la satisfacción en Internet, es crucial analizar el arma de doble filo que es la era digital, comprendiendo tanto sus beneficios como sus inconvenientes en la sociedad actual.

EL PAPEL DE LA DOPAMINA EN LAS ACTIVIDADES ONLINE

La dopamina, un neurotransmisor asociado al placer y la recompensa, desempeña un papel crucial en las actividades online y la adicción a Internet. Cuando las personas participan en actividades en línea como las redes sociales, los juegos o las compras en línea, se libera dopamina en el cerebro, lo que crea una sensación de satisfacción y placer. Esto puede conducir a un comportamiento compulsivo y a un bucle de refuerzo en el que los individuos buscan más participación en Internet para experimentar el mismo nivel de satisfacción. Sin embargo, la liberación excesiva de dopamina por actividades online prolongadas puede desregular el sistema de recompensa del cerebro, provocando adicción y dependencia. Comprender el papel de la dopamina en las actividades en línea es esencial para abordar la creciente preocupación por la adicción a Internet y su impacto en la sociedad. Al dilucidar los mecanismos que subyacen a la participación de la dopamina en los comportamientos en línea, se pueden desarrollar intervenciones y estrategias para prevenir y tratar eficazmente la adicción a Internet.

LA BÚSQUEDA DE UNA VIDA EQUILIBRADA Y FELIZ

La búsqueda de una vida equilibrada y feliz es un aspecto fundamental de la existencia humana y está estrechamente entrelazada con el impacto de la tecnología en la sociedad actual. En una era digital en la que las personas están constantemente conectadas, la búsqueda del equilibrio entre las actividades online y offline resulta cada vez más difícil. Aunque la tecnología ofrece inmensas ventajas en términos de comunicación, acceso a la información y comodidad, también plantea riesgos importantes, como la adicción a Internet. Esta adicción puede perturbar las relaciones personales, provocar problemas de salud y contribuir a un deterioro del bienestar general. Por lo tanto, es imperativo que las personas desarrollen estrategias para mantener un equilibrio saludable en su uso de la tecnología, dando prioridad a las conexiones con el mundo real, la actividad física y las prácticas de autocuidado. Gestionando conscientemente su consumo digital, las personas pueden aspirar a una vida más armoniosa y satisfactoria, libre de los efectos negativos del uso excesivo de la tecnología.

LI. EL PAPEL DE LA ADICCIÓN A INTERNET EN EL ACTIVISMO MEDIOAMBIENTAL

La adicción a Internet desempeña un papel importante en la configuración del activismo medioambiental en la sociedad actual. A medida que las personas pasan más tiempo en Internet, están cada vez más expuestas a información y campañas relacionadas con cuestiones medioambientales. Esta mayor concienciación puede conducir a un mayor compromiso con el activismo, ya que las personas están más conectadas con individuos y organizaciones afines a través de plataformas online. Sin embargo, el inconveniente de la adicción a Internet en este contexto es la posibilidad de que las personas se sumerjan tanto en sus actividades online que descuiden la acción en el mundo real y las soluciones tangibles a los problemas medioambientales. Esta dependencia excesiva de la tecnología puede crear una desconexión entre los individuos y el mundo natural, obstaculizando la eficacia de los esfuerzos de activismo medioambiental. Por tanto, es crucial encontrar un equilibrio entre la utilización de Internet como herramienta para concienciar y movilizar apoyos, y la adopción de medidas concretas en el mundo físico para abordar los retos medioambientales.

PLATAFORMAS ONLINE PARA LA DEFENSA DEL MEDIO AMBIENTE

Las plataformas en línea se han convertido en poderosas herramientas para la defensa del medio ambiente, permitiendo a particulares y organizaciones llegar a un público mundial y concienciar sobre cuestiones medioambientales acuciantes. Las plataformas de medios sociales, en particular, han permitido a los usuarios compartir información, organizar actos y movilizar el apoyo a causas medioambientales. Aprovechando la naturaleza viral del contenido en línea, los defensores del medio ambiente pueden amplificar su mensaje y suscitar conversaciones significativas sobre sostenibilidad y conservación. Las plataformas en línea también facilitan la colaboración entre personas con ideas afines y facilitan el intercambio de ideas y mejores prácticas en la defensa del medio ambiente. Sin embargo, la eficacia de las plataformas online para la defensa del medio ambiente puede verse obstaculizada por la difusión de información errónea y la polarización de los debates. Por ello, es crucial que los defensores del medio ambiente evalúen críticamente la información que comparten en Internet y se esfuercen por promover relatos precisos y equilibrados para garantizar la credibilidad del movimiento ecologista en la era digital.

LA DIFUSIÓN DE LA CONCIENCIA MEDIOAMBIENTAL

La difusión de la conciencia medioambiental ha sido un tema clave en los últimos años, a medida que la sociedad se enfrenta a los efectos del cambio climático y otros retos medioambientales. En el mundo interconectado de hoy, Internet ha desempeñado un papel crucial en la promoción de la concienciación medioambiental a escala mundial. Las plataformas de los medios sociales y las campañas en línea han permitido a las personas compartir información fácilmente, movilizar el apoyo a causas medioambientales y hacer que las empresas y los gobiernos rindan cuentas de su impacto sobre el medio ambiente. Sin embargo, la misma tecnología que permite la difusión de la conciencia medioambiental también plantea retos, como el aumento de la adicción a Internet y su posible impacto negativo en el compromiso de las personas con las cuestiones medioambientales. Mientras navegamos por el arma de doble filo que supone el impacto de la tecnología en la sociedad, es esencial que los investigadores y los responsables políticos estudien cómo aprovechar el poder de Internet para lograr cambios positivos, mitigando al mismo tiempo sus posibles inconvenientes.

LAS CAMPAÑAS DIGITALES Y SU IMPACTO EN LA ACCIÓN EN EL MUNDO REAL

Las campañas digitales se han convertido en una herramienta destacada para movilizar a las personas hacia acciones en el mundo real. Estas campañas, facilitadas por diversas plataformas en línea, tienen el poder de llegar a un vasto público y crear un impacto social significativo. Aprovechando las redes sociales, el marketing por correo electrónico y los sitios web, las organizaciones pueden difundir información, concienciar y defender el cambio a escala mundial. La inmediatez de la comunicación digital permite responder rápidamente a los acontecimientos actuales, impulsando a los simpatizantes a actuar en tiempo real. Sin embargo, la eficacia de las campañas digitales en la acción en el mundo real no está exenta de limitaciones. La saturación de contenido digital y el aumento de la desinformación ponen en tela de juicio la credibilidad y el impacto de estas campañas. Por ello, es crucial que las organizaciones mantengan la autenticidad, se comprometan con su público de forma eficaz y elaboren estrategias para convertir el compromiso en línea en acciones significativas fuera de línea. En última instancia, las campañas digitales tienen el potencial de impulsar un cambio positivo, pero su impacto en la acción en el mundo real depende de una planificación, ejecución y adaptabilidad meditadas al cambiante panorama digital.

LII. LA ADICCIÓN A INTERNET Y EL FUTURO DE LA INTERACCIÓN HUMANA

El aumento de la adicción a Internet plantea un reto importante para el futuro de la interacción humana. A medida que las personas dependen cada vez más de la tecnología para conectarse socialmente, las normas tradicionales de la comunicación cara a cara se están erosionando. Este cambio tiene profundas implicaciones para la sociedad, ya que las relaciones interpersonales se ven fundamentalmente alteradas. La prevalencia de la adicción a Internet amenaza con aislar aún más a los individuos, lo que conduce a un declive de la empatía y la conexión emocional. Además, la estimulación constante que proporcionan las interacciones en línea puede conducir a una disminución de la capacidad para entablar conversaciones significativas en la vida real. Mientras navegamos por este paisaje digital, es crucial considerar las consecuencias a largo plazo del uso excesivo de Internet sobre las relaciones humanas y la cohesión social. Encontrar un equilibrio entre los beneficios de la tecnología y la preservación de la auténtica conexión humana será esencial para dar forma al futuro de la interacción en un mundo impulsado digitalmente.

EL POTENCIAL PARA MEJORAR LA COMUNICACIÓN

El potencial para mejorar la comunicación en la sociedad actual a través de la tecnología es innegable. Con el auge de las plataformas de redes sociales, las aplicaciones de mensajería instantánea y las herramientas de videoconferencia, las personas pueden ahora conectar con otras de todos los rincones del planeta en tiempo real. Esta facilidad de comunicación ha abierto nuevas vías para la colaboración, la creación de redes y el intercambio de conocimientos. Sin embargo, esta mayor conectividad también conlleva retos como la sobrecarga de información, el ciberacoso y la erosión de las interacciones cara a cara. Mientras navegamos por el arma de doble filo de la tecnología, es esencial encontrar un equilibrio entre aprovechar sus ventajas para mejorar la comunicación y ser conscientes de sus peligros. Siendo conscientes del impacto de la tecnología en nuestros comportamientos comunicativos, podemos aprovechar su potencial para mejorar las relaciones, promover un diálogo significativo y fomentar una sociedad más conectada.

EL RIESGO DE DISMINUCIÓN DE LAS INTERACCIONES CARA A CARA

En la sociedad actual, la creciente prevalencia de la adicción a Internet supone un riesgo importante de disminución de las interacciones cara a cara entre las personas. El atractivo de la conectividad constante y la gratificación instantánea a través de la tecnología ha provocado un alejamiento de la comunicación tradicional en persona. A medida que los individuos están más absortos en sus personajes online y en sus interacciones virtuales, la importancia de las conexiones en el mundo real y de las habilidades sociales puede quedar eclipsada. Este cambio en los patrones de comunicación puede tener implicaciones de gran alcance en las relaciones interpersonales, la inteligencia emocional y el bienestar general. Sin los matices de las interacciones cara a cara, las personas pueden tener dificultades para desarrollar la empatía, la comprensión y las habilidades de comunicación eficaces esenciales para unas relaciones significativas. Por ello, es crucial reconocer las posibles consecuencias de la excesiva dependencia de la tecnología y tomar medidas proactivas para mantener un equilibrio entre las interacciones online y offline, a fin de preservar la riqueza y profundidad de la conexión humana en la sociedad.

ADAPTACIÓN A LAS NUEVAS FORMAS DE COMPROMISO SOCIAL

Al adaptarse a las nuevas formas de compromiso social en la era digital, las personas deben navegar por las complejidades de las interacciones y relaciones en línea. La proliferación de plataformas de medios sociales ha revolucionado la forma en que las personas se conectan y comunican, presentando tanto oportunidades como retos. A medida que la tecnología sigue dando forma a la dinámica social, las personas necesitan desarrollar una comprensión crítica de la ciudadanía digital y la etiqueta en línea para fomentar interacciones sanas y significativas. Lograr un equilibrio entre las relaciones virtuales y las del mundo real es esencial para evitar las trampas de la adicción a Internet y el aislamiento social. Además, la capacidad de adaptarse a las normas y comportamientos cambiantes en el ámbito digital es crucial para mantener la relevancia social y la pertinencia en la sociedad actual. Al adoptar el panorama cambiante de la participación social, las personas pueden aprovechar las ventajas de la tecnología y, al mismo tiempo, mitigar sus repercusiones negativas en las relaciones interpersonales y el bienestar.

LIII. EL PAPEL DE LA ADICCIÓN A INTERNET EN LA SEGURIDAD PERSONAL

El papel de la adicción a Internet en la seguridad personal es una preocupación creciente en la sociedad actual, ya que las personas dependen cada vez más de las actividades en línea. El uso excesivo de Internet puede conllevar diversos riesgos para la seguridad, como la posibilidad de ciberacoso, estafas online y robo de identidad. Además, las personas adictas a Internet pueden ser más vulnerables a los depredadores en línea que tratan de explotar su vulnerabilidad. Es crucial que los responsables políticos, los educadores y los padres aborden el problema de la adicción a Internet para proteger a las personas de estos riesgos. Poner en práctica medidas como establecer límites al tiempo frente a la pantalla, promover la alfabetización digital y fomentar actividades saludables fuera de Internet puede ayudar a mitigar el impacto negativo de la adicción a Internet en la seguridad personal. Concienciando y proporcionando recursos a las personas que luchan contra la adicción a Internet, podemos crear un entorno en línea más seguro para todos los miembros de la sociedad.

ESTAFAS ONLINE Y VULNERABILIDAD PERSONAL

Las estafas en línea suponen una importante amenaza para la seguridad financiera personal y la privacidad de las personas, especialmente en el mundo digitalmente interconectado de hoy en día. La evolución de la tecnología ha facilitado a los estafadores atraer a las víctimas mediante diversas tácticas engañosas, explotando las vulnerabilidades de las personas para obtener beneficios económicos. El auge de las plataformas en línea y las redes sociales ha proporcionado a los estafadores un alcance más amplio y un acceso más fácil a los objetivos potenciales, por lo que es crucial que las personas sean cautas y estén atentas al compartir información personal en línea. Factores como la confianza, la curiosidad y la urgencia pueden aumentar la susceptibilidad a estas estafas, lo que pone de relieve la importancia de educar al público sobre las amenazas en línea y promover la alfabetización digital. A medida que la tecnología sigue avanzando, es esencial que las personas sean conscientes de los riesgos potenciales asociados a las actividades en línea y tomen medidas proactivas para protegerse de ser víctimas de estafas en línea.

CIBERACOSO Y HOSTIGAMIENTO

El ciberacoso y el hostigamiento se han convertido en problemas acuciantes en la actual era digital, en la que el anonimato y la interconexión que proporciona Internet facilitan estos comportamientos nocivos. La naturaleza omnipresente de la tecnología permite a los agresores atacar a sus víctimas sin tregua, causándoles una angustia psicológica y un daño emocional significativos. El ciberacoso a menudo se convierte en acoso fuera de Internet, lo que añade una dimensión física a la amenaza a la que se enfrentan las víctimas. Aunque se han promulgado leyes para hacer frente al ciberacoso, su aplicación y enjuiciamiento siguen siendo difíciles debido a cuestiones jurisdiccionales y a la dificultad de localizar a los autores en línea. Además, el impacto del ciberacoso se extiende más allá de las víctimas individuales, afectando a la sociedad en general al fomentar una cultura de miedo y desconfianza en línea. A medida que la tecnología sigue avanzando, es imperativo que los responsables políticos, los organismos encargados de hacer cumplir la ley y las plataformas de Internet colaboren en el desarrollo de estrategias eficaces para combatir el ciberacoso y proteger a las personas de los daños en línea.

MEDIDAS PARA GARANTIZAR LA SEGURIDAD ONLINE

Para abordar el problema de la adicción a Internet y su impacto en la sociedad, es imprescindible adoptar medidas que garanticen la seguridad en línea. Una estrategia eficaz es la aplicación de controles y filtros parentales para restringir el acceso a contenidos inapropiados para niños y personas vulnerables. Además, promover la alfabetización digital y el comportamiento responsable en línea mediante programas educativos y talleres puede ayudar a las personas a navegar por Internet de forma más segura. La creación de directrices y normas para el uso de Internet en escuelas, lugares de trabajo y espacios públicos también puede desempeñar un papel crucial en la prevención del uso excesivo de Internet y en la promoción de un equilibrio saludable entre las actividades en línea y fuera de línea. Además, la colaboración entre gobiernos, empresas tecnológicas y profesionales de la salud mental es esencial para desarrollar políticas e intervenciones integrales que combatan la adicción a internet y promuevan un entorno online más seguro para todos los usuarios. Aplicando estas medidas, podemos mitigar los efectos negativos de la tecnología en la sociedad y fomentar una relación más consciente y equilibrada con el mundo digital.

LIV. LA ADICCIÓN A INTERNET Y EL CONCEPTO DE ÉXITO

La adicción a Internet es un fenómeno complejo que ha suscitado gran atención en los últimos años debido a sus efectos perjudiciales en la vida de las personas. El concepto de éxito, a menudo asociado a los logros, puede distorsionarse cuando se trata de individuos adictos a Internet. El éxito puede percibirse como el número de "me gusta", seguidores o visitas que uno tiene en Internet, lo que lleva a las personas a dar prioridad a la validación virtual sobre los logros del mundo real. Esta perspectiva sesgada puede dar lugar a un círculo vicioso de búsqueda de validación a través de actividades en línea, que conduce a un mayor aislamiento y desconexión de la realidad. En una sociedad en la que el éxito se mide cada vez más por métricas online, las personas que luchan contra la adicción a Internet pueden verse atrapadas en una espiral descendente de comparación y ansiedad. Es crucial que los investigadores y los profesionales de la salud mental aborden el impacto de la adicción a Internet en los conceptos de éxito de los individuos y desarrollen intervenciones que les ayuden a navegar por una relación más sana con la tecnología.

REDEFINIR LOS LOGROS EN LA ERA DIGITAL

En la era digital, se están redefiniendo los marcadores tradicionales de los logros, lo que plantea retos y oportunidades para las personas y la sociedad en su conjunto. La adopción generalizada de la tecnología ha transformado la forma en que aprendemos, trabajamos e interactuamos, difuminando las fronteras entre los logros en línea y fuera de línea. Como consecuencia, los criterios de éxito ya no se limitan a medidas convencionales como las calificaciones académicas o los títulos laborales, sino que abarcan una gama más amplia de habilidades y competencias. En este contexto, los logros en la era digital implican la capacidad de adaptarse a cambios rápidos, pensar críticamente en un mar de información, colaborar eficazmente en equipos virtuales y navegar por dilemas éticos complejos. Al adoptar este nuevo paradigma de logro, las personas pueden aprovechar el poder de la tecnología para mejorar sus capacidades y prosperar en un mundo cada vez más interconectado. Sin embargo, este cambio también suscita preocupación por los peligros potenciales del tiempo excesivo frente a la pantalla, las distracciones digitales y la erosión de las habilidades de comunicación cara a cara. Mientras navegamos por este paisaje en evolución, es crucial encontrar un equilibrio entre aprovechar las ventajas de la tecnología y preservar las cualidades humanas esenciales que definen los verdaderos logros.

LA PRESIÓN DE LAS NARRATIVAS DE ÉXITO ONLINE

La presión de las narrativas de éxito en Internet representa un reto importante en la sociedad actual, ya que a menudo se bombardea a los individuos con imágenes idealizadas de logros y prosperidad a través de las plataformas de las redes sociales. Esta exposición constante a narrativas de éxito elaboradas puede crear sentimientos de inadecuación, ansiedad y duda entre las personas que se comparan desfavorablemente con estas vidas aparentemente perfectas. La presión para ajustarse a estas normas poco realistas puede llevar a una obsesión malsana por alcanzar niveles similares de éxito, lo que contribuye al aumento de la adicción a Internet. A medida que las personas se esfuerzan por cultivar su personalidad online y obtener validación a través de "me gusta" y seguidores, pueden descuidar las relaciones y responsabilidades de la vida real, lo que conduce a un ciclo de aislamiento e insatisfacción. Es imperativo que los investigadores exploren los efectos perjudiciales de las narrativas de éxito online y desarrollen estrategias para ayudar a los individuos a navegar por estas presiones de forma sana y equilibrada.

ALINEAR LAS ACTIVIDADES ONLINE CON LOS OBJETIVOS PERSONALES

Al considerar la alineación de las actividades online con los objetivos personales, es crucial reconocer el impacto potencial sobre el bienestar y la productividad de cada uno. La tecnología ha facilitado más que nunca la participación en una amplia gama de actividades en línea, desde las interacciones en las redes sociales hasta la investigación académica. Sin embargo, las personas deben evaluar cuidadosamente cómo sus actividades en línea contribuyen o perjudican a sus objetivos personales generales. Por ejemplo, pasar demasiado tiempo en las plataformas de los medios sociales puede distraer al individuo de la consecución de sus objetivos profesionales o del mantenimiento de relaciones sanas. Por otra parte, utilizar los recursos de Internet para ampliar su formación o conectar con personas afines puede ser una poderosa herramienta de crecimiento personal. Alineando sus actividades en Internet con sus objetivos personales, las personas pueden maximizar los beneficios de la tecnología y minimizar sus efectos potencialmente negativos en sus vidas. Este enfoque reflexivo puede conducir a un estilo de vida más satisfactorio y equilibrado en la era digital actual.

LV. EL PAPEL DE LA ADICCIÓN A INTERNET EN LA CONCIENCIACIÓN SOBRE LA SALUD MENTAL

El papel de la adicción a Internet en la concienciación sobre la salud mental es un aspecto crítico que no puede pasarse por alto en la sociedad actual. Con la creciente dependencia de la tecnología digital, es esencial comprender las posibles repercusiones negativas del uso excesivo de Internet en el bienestar mental. La adicción a Internet se ha relacionado con una serie de problemas de salud mental, como la ansiedad, la depresión y el aislamiento social. Es crucial que las personas, especialmente las generaciones más jóvenes, reconozcan los signos de la adicción a Internet y busquen ayuda cuando la necesiten. Concienciando sobre los efectos perjudiciales de la adicción a Internet, podemos promover una relación más sana con la tecnología y dar prioridad al bienestar mental. Mediante la educación, el asesoramiento y los servicios de apoyo, podemos abordar las causas profundas de la adicción a Internet y trabajar para lograr un enfoque más equilibrado y consciente del uso de los dispositivos digitales. En última instancia, al reconocer el papel de la adicción a Internet en la concienciación sobre la salud mental, podemos dar pasos hacia una sociedad más consciente y proactiva.

RECURSOS ONLINE DE APOYO A LA SALUD MENTAL

En los últimos años, la proliferación de recursos online de apoyo a la salud mental ha sido a la vez una bendición y una maldición. Por un lado, las personas tienen ahora un acceso sin precedentes a información, grupos de apoyo y opciones terapéuticas al alcance de la mano. Esto puede ser especialmente beneficioso para quienes no pueden acceder fácilmente a los servicios tradicionales de salud mental debido a su ubicación, coste o estigma. Sin embargo, la abundancia de recursos en línea también conlleva su propio conjunto de retos. La calidad y fiabilidad de la información disponible en Internet puede variar mucho, lo que provoca confusión y daños potenciales a las personas vulnerables. Además, el anonimato de las interacciones en línea puede obstaculizar a veces el desarrollo de relaciones terapéuticas significativas. Así pues, aunque los recursos en línea de apoyo a la salud mental pueden ser muy beneficiosos para las personas, hay que tener cuidado de que se utilicen con eficacia y seguridad en la sociedad actual.

EL ESTIGMA DE LA SALUD MENTAL Y EL DISCURSO ONLINE

El estigma que rodea a la salud mental es un problema generalizado que se ha visto exacerbado por el discurso en línea. El anonimato que proporciona Internet ha permitido que se perpetúen sin consecuencias estereotipos nocivos y conceptos erróneos sobre la salud mental. Las actitudes negativas y la discriminación hacia las personas que luchan contra las enfermedades mentales se refuerzan a menudo en los espacios en línea, lo que conduce a una mayor alienación y aislamiento de quienes ya experimentan problemas de salud mental. Además, la velocidad y el alcance de la comunicación en línea pueden amplificar estas narrativas estigmatizadoras, dificultando la lucha contra los conceptos erróneos y la educación del público sobre las realidades de la salud mental. Abordar el estigma de la salud mental en el discurso en línea es esencial para fomentar una sociedad más integradora y comprensiva, en la que las personas se sientan cómodas buscando ayuda y apoyo sin miedo a ser juzgadas o discriminadas.

LA IMPORTANCIA DE LA ALFABETIZACIÓN DIGITAL EN SALUD MENTAL

La alfabetización digital desempeña un papel crucial en la configuración del panorama de la salud mental de las personas en la sociedad actual. Al comprender cómo navegar por la gran cantidad de información disponible en Internet, las personas pueden acceder a valiosos recursos y sistemas de apoyo para los problemas de salud mental. La alfabetización digital también permite a las personas discernir entre fuentes de información fiables y no fiables, reduciendo el riesgo de información errónea que puede agravar los problemas de salud mental. Además, la capacidad de participar en comunidades y plataformas en línea permite a las personas conectar con otras que pueden estar experimentando retos similares, fomentando un sentimiento de pertenencia y apoyo. A medida que avanza la tecnología, no se puede exagerar la importancia de la alfabetización digital para promover el bienestar mental. Es esencial que las personas desarrollen las habilidades necesarias para aprovechar el poder de las herramientas digitales de forma eficaz y responsable a fin de mantener y mejorar su salud mental en la era digital actual.

LVI. LA ADICCIÓN A INTERNET Y LA DINÁMICA DE PODER Y CONTROL

La adicción a Internet presenta una compleja interacción de dinámicas de poder y control que contribuyen a su carácter omnipresente en la sociedad actual. El atractivo de Internet, con su flujo constante de información y conectividad, puede crear una sensación de poder en las personas que se sienten capacitadas por su acceso al conocimiento y la comunicación sin fin. Sin embargo, este mismo poder puede convertirse rápidamente en una forma de control, ya que las personas se ven consumidas por la necesidad de participar constantemente en actividades en línea y descuidan otros aspectos de sus vidas. La naturaleza adictiva de Internet puede perpetuar un ciclo de impotencia y dependencia, ya que las personas luchan por liberarse de las garras de sus hábitos online. Comprender la dinámica del poder y el control en la adicción a Internet es esencial para desarrollar estrategias eficaces de prevención e intervención que aborden este problema cada vez más frecuente.

LA CONCENTRACIÓN DE PODER EN LAS EMPRESAS TECNOLÓGICAS

La concentración de poder en las empresas tecnológicas ha suscitado preocupación por las prácticas monopolísticas y la inmensa influencia que estas empresas ejercen sobre diversos aspectos de la sociedad. Con grandes actores como Google, Facebook, Amazon y Apple dominando el mercado, cada vez es más necesario adoptar medidas reguladoras para impedir que estas empresas abusen de su poder. La acumulación de grandes cantidades de datos por parte de estos gigantes tecnológicos también supone una amenaza para la privacidad y la seguridad de los datos de los usuarios, lo que agrava aún más el problema. Además, la posibilidad de que estas empresas repriman la competencia y la innovación plantea interrogantes sobre las implicaciones a largo plazo para los consumidores y la economía. A medida que estas empresas tecnológicas siguen ampliando su alcance e influencia, se hace imperativo que los responsables políticos aborden la concentración de poder en la industria tecnológica para garantizar un mercado justo y competitivo para todas las partes implicadas.

AUTONOMÍA Y CONTROL DEL USUARIO SOBRE LAS EXPERIENCIAS ONLINE

La autonomía y el control del usuario sobre las experiencias online desempeñan un papel crucial para comprender el fenómeno de la adicción a Internet. Los usuarios que tienen un fuerte sentido del control sobre sus comportamientos online son menos propensos a desarrollar tendencias adictivas. Esta autonomía permite a los individuos tomar decisiones informadas sobre sus actividades en línea y fijarse límites. Sin embargo, en la sociedad actual, la línea que separa la autonomía de la adicción es cada vez más difusa. El flujo constante de notificaciones, presiones sociales y algoritmos de contenido personalizado puede abrumar fácilmente a los usuarios y erosionar su sensación de control. Como resultado, muchos individuos se encuentran comprobando compulsivamente sus dispositivos, buscando validación en las redes sociales y sacrificando las relaciones del mundo real por la gratificación digital. Es esencial que los investigadores profundicen en cómo navegan los usuarios por el mundo online, identifiquen los factores que influyen en su autonomía y desarrollen estrategias para promover comportamientos online saludables.

EL EQUILIBRIO DE PODER EN EL ECOSISTEMA DIGITAL

El equilibrio de poder en el ecosistema digital es un aspecto crucial a tener en cuenta para comprender las complejidades de la adicción a Internet y su impacto en la sociedad actual. Con el rápido avance de la tecnología, diversas partes interesadas, como gobiernos, empresas e individuos, compiten constantemente por el control y la influencia dentro de esta red interconectada de información. La dinámica del poder puede manifestarse en forma de propiedad de los datos, marcos reguladores y control del comportamiento en línea, configurando la forma en que los individuos interactúan con las plataformas digitales. Examinando la distribución del poder en el espacio digital, podemos descubrir cómo ciertas entidades pueden explotar las vulnerabilidades en su propio beneficio, provocando consecuencias perjudiciales como la proliferación de la adicción y la manipulación del comportamiento de los usuarios. Comprender y navegar por el intrincado equilibrio de poder en el ecosistema digital es esencial para mitigar los efectos negativos de la adicción a Internet y promover una sociedad en línea más sana.

LVII. EL PAPEL DE LA ADICCIÓN A INTERNET EN LA GLOBALIZACIÓN

El papel de la adicción a Internet en la globalización, un fenómeno complejo que entrelaza tecnología y sociedad, es un importante tema de interés en el mundo digital actual. A medida que los individuos se hacen cada vez más dependientes de Internet para comunicarse, informarse y entretenerse, las fronteras entre lo virtual y la realidad se difuminan. Esta adicción no sólo afecta a la salud mental y el bienestar personales, sino que también tiene implicaciones más amplias para las interacciones sociales y las prácticas culturales a escala mundial. El acceso constante a las plataformas online puede provocar un distanciamiento del mundo físico, lo que afecta a la forma en que las personas se relacionan con su entorno y sus relaciones. Además, la propagación de la adicción a Internet puede contribuir a la homogeneización de culturas y valores, ya que las personas se conectan más a través de espacios virtuales que de comunidades físicas. Comprender el impacto de la adicción a Internet en el contexto de la globalización es crucial para abordar los retos y los riesgos potenciales que plantea esta revolución tecnológica.

INTERNET COMO HERRAMIENTA DE COMUNICACIÓN TRANSFRONTERIZA

Internet se ha convertido en una herramienta indispensable para la comunicación transfronteriza, que facilita las interacciones entre particulares, empresas y gobiernos de todo el mundo. Con el avance de la tecnología, Internet ha facilitado que las personas se conecten y se comuniquen con otras de distintos orígenes culturales, idiomas y ubicaciones geográficas. Esta conectividad ha dado lugar a un aumento de la colaboración internacional, la puesta en común de conocimientos y el intercambio cultural, salvando las distancias que antes obstaculizaban una comunicación eficaz. Sin embargo, Internet también presenta retos en términos de privacidad, seguridad y precisión de la información, que pueden afectar a la calidad y fiabilidad de la comunicación transfronteriza. A medida que profundizamos en el impacto de internet en la sociedad, es esencial explorar tanto los beneficios como las limitaciones de esta poderosa herramienta, a fin de maximizar su potencial para fomentar una comunicación transfronteriza significativa y productiva en el mundo interconectado de hoy.

EL IMPACTO EN EL INTERCAMBIO CULTURAL Y EL ENTENDIMIENTO

El impacto de la tecnología en el intercambio cultural y el entendimiento en la sociedad actual es profundo y polifacético. Por un lado, Internet ha facilitado una conectividad sin precedentes entre individuos de distintos orígenes culturales, permitiendo el intercambio de ideas, costumbres y tradiciones a escala mundial. Esto tiene el potencial de fomentar la comprensión y la empatía interculturales, contribuyendo en última instancia a una sociedad más tolerante e integradora. Sin embargo, por otro lado, la era digital también ha conducido a la proliferación de cámaras de eco y al refuerzo de los estereotipos culturales, creando barreras a una auténtica comunicación intercultural. A medida que los individuos se sumergen más en sus comunidades online, pueden aislarse inadvertidamente de puntos de vista opuestos, obstaculizando su capacidad para entablar un diálogo significativo con quienes tienen creencias diferentes. Así pues, aunque la tecnología tiene el poder de salvar las diferencias culturales, es esencial que las personas aborden las interacciones digitales con conciencia y pensamiento crítico para aprovechar realmente su potencial para promover el entendimiento intercultural.

LOS RETOS DE LA CONECTIVIDAD GLOBAL

Los retos de la conectividad global son vastos y polifacéticos, y plantean obstáculos significativos a individuos, sociedades y naciones por igual. A medida que la tecnología sigue avanzando a un ritmo vertiginoso, el mundo está cada vez más interconectado, difuminando las fronteras entre los ámbitos físico y digital. Esta interconexión conlleva una serie de retos, desde amenazas a la ciberseguridad y preocupaciones por la privacidad de los datos hasta la propagación de la desinformación y la erosión de las estructuras sociales tradicionales. La dependencia de la comunicación digital y de las plataformas virtuales también ha dado lugar a problemas como la adicción a Internet, el aislamiento social y la mercantilización de los datos personales. Estos retos requieren un enfoque matizado y polifacético, que combine soluciones tecnológicas con intervenciones políticas y cambios sociales para navegar por el complejo panorama de la conectividad global. Mientras nos esforzamos por aprovechar los beneficios de la tecnología minimizando al mismo tiempo sus efectos negativos, es esencial examinar críticamente los retos que plantea la conectividad global y trabajar en pos de soluciones sostenibles para un mundo más conectado.

LVIII. LA ADICCIÓN A INTERNET Y LA NATURALEZA CAMBIANTE DEL CONOCIMIENTO

El aumento de la adicción a Internet en la sociedad actual ha suscitado preocupación por la naturaleza cambiante de la adquisición de conocimientos. Con el bombardeo constante de información disponible en Internet, las personas pueden sentirse abrumadas por el enorme volumen de datos que tienen a su alcance. Este fenómeno plantea interrogantes sobre la calidad y fiabilidad del conocimiento que se consume, así como sobre el impacto en las habilidades de pensamiento crítico y el procesamiento cognitivo. A medida que las personas se vuelven más dependientes de Internet para obtener información, existe el riesgo de que disminuya la capacidad de participar en un pensamiento profundo y analítico y de discernir las fuentes creíbles. Es crucial que los investigadores y educadores aborden esta cuestión y promuevan un enfoque equilibrado del consumo de información que fomente el análisis y la evaluación reflexivos. Reconociendo las posibles trampas de la adicción a Internet, la sociedad puede trabajar para aprovechar los beneficios de la tecnología al tiempo que se protege contra sus consecuencias negativas.

LA ACCESIBILIDAD DE LA INFORMACIÓN ONLINE

La accesibilidad de la información en línea ha revolucionado la forma de reunir y difundir conocimientos en la sociedad actual. Con sólo unos clics, las personas pueden acceder a una gran cantidad de información sobre prácticamente cualquier tema, lo que hace que la investigación y el aprendizaje sean más cómodos y eficaces. Esta facilidad de acceso ha allanado el camino para una mayor colaboración, innovación y conectividad entre personas de todo el mundo. Sin embargo, la abundancia de información en línea también plantea retos, como la dificultad de discernir las fuentes creíbles de la desinformación o la abrumadora cantidad de datos que puede conducir a una sobrecarga de información. A medida que la tecnología sigue evolucionando, es esencial que las personas desarrollen habilidades de pensamiento crítico para navegar eficazmente por el vasto mar de información disponible en línea. Al encontrar un equilibrio entre accesibilidad y discernimiento, podemos aprovechar el poder de la información en línea y, al mismo tiempo, mitigar las posibles consecuencias negativas asociadas a ella.

LA CUESTIÓN DE LA PROPIEDAD DEL CONOCIMIENTO

Una de las cuestiones clave en torno a la adicción a Internet es la cuestión de la propiedad del conocimiento. A medida que las personas pasan más tiempo en Internet, consumen constantemente información de diversas fuentes, pero se plantea la cuestión de a quién pertenece este conocimiento. Con la facilidad de acceso a la información en Internet, resulta difícil rastrear los orígenes de las ideas y los conceptos, lo que da lugar a debates sobre los derechos de propiedad intelectual y el plagio. Este problema se agrava aún más por la naturaleza interconectada del mundo online, donde las ideas se comparten y circulan rápidamente. Por ello, es imperativo que la sociedad establezca directrices y normativas claras para abordar la propiedad del conocimiento en la era digital. Al reconocer y respetar la propiedad del conocimiento, podemos fomentar una cultura de responsabilidad e integridad en las interacciones en línea, mitigando en última instancia los efectos negativos de la adicción a Internet en la sociedad.

EL PAPEL DEL PENSAMIENTO CRÍTICO EN LA ERA DE LA INFORMACIÓN

En la Era de la Información, la capacidad de pensar críticamente es más crucial que nunca. Con la abrumadora avalancha de información disponible al alcance de nuestra mano, las personas deben poseer las habilidades para evaluar, analizar y sintetizar estos datos para tomar decisiones con conocimiento de causa. El pensamiento crítico permite cuestionar las fuentes, identificar los prejuicios y discernir los hechos de las opiniones en un mundo en el que abundan la desinformación y las noticias falsas. En el ámbito de la adicción a Internet, el pensamiento crítico es una poderosa herramienta para combatir los efectos negativos del uso excesivo de la tecnología. Mediante la reflexión crítica sobre los patrones de uso y los efectos psicológicos de la tecnología, las personas pueden tomar medidas proactivas para mitigar los riesgos de la adicción y mantener un equilibrio saludable en sus vidas. En última instancia, el cultivo de habilidades de pensamiento crítico es esencial para navegar por las complejidades de la Era de la Información y fomentar una sociedad más perspicaz e informada.

LIX. EL PAPEL DE LA ADICCIÓN A INTERNET EN LA FORMACIÓN DE LAS GENERACIONES FUTURAS

El papel de la adicción a Internet en la formación de las generaciones futuras es una cuestión crítica que requiere un examen cuidadoso. A medida que la prevalencia de la tecnología sigue aumentando, especialmente entre los grupos demográficos más jóvenes, no puede subestimarse el impacto del uso excesivo de Internet en el desarrollo cognitivo, emocional y social de las personas. La investigación ha demostrado que la exposición prolongada a actividades en línea puede provocar un descenso del rendimiento académico, un aumento de los niveles de ansiedad y depresión, y un debilitamiento de las relaciones interpersonales. Por tanto, es imperativo que la sociedad aborde las posibles consecuencias de la adicción a Internet en las generaciones venideras. Desarrollando estrategias de prevención eficaces, fomentando hábitos digitales saludables y prestando apoyo a los afectados por la adicción a Internet, podemos esforzarnos por crear una relación más equilibrada y sostenible con la tecnología para el futuro. A medida que la tecnología sigue evolucionando, es crucial tener en cuenta las implicaciones a largo plazo de la adicción a internet en el bienestar de las personas y de la sociedad en su conjunto.

EL FENÓMENO DE LOS NATIVOS DIGITALES

El fenómeno de los nativos digitales, caracterizado por individuos que han crecido en un entorno digital, se ha convertido en un destacado tema de estudio en los últimos años. Estas personas, a menudo denominadas Generación Z, han estado expuestas a la tecnología desde una edad temprana, lo que les ha proporcionado un alto nivel de comodidad y destreza en el uso de dispositivos y plataformas digitales. Aunque esta fluidez puede ser ventajosa para acceder a la información y relacionarse con otras personas en línea, también se ha relacionado con problemas como la adicción a Internet. El uso excesivo de la tecnología puede tener efectos perjudiciales sobre la salud mental, las habilidades sociales y la productividad. A medida que la sociedad depende cada vez más de la tecnología, es crucial comprender el arma de doble filo del fenómeno de los nativos digitales, reconociendo tanto sus beneficios como sus posibles inconvenientes. Al reconocer el impacto de la tecnología en la sociedad actual, podemos trabajar para encontrar un equilibrio que aproveche las ventajas de la competencia digital al tiempo que minimiza los riesgos asociados a la adicción a Internet.

PREPARAR A LA JUVENTUD PARA UN FUTURO DIGITAL

Preparar a los jóvenes para un futuro digital es una tarea polifacética que requiere un enfoque global de la educación y la formación. Para dotar a los jóvenes de las habilidades y conocimientos necesarios para prosperar en una sociedad cada vez más digital, es esencial que las escuelas e instituciones educativas incorporen la informática y la alfabetización digital a sus planes de estudio. Esto puede incluir la enseñanza de la codificación, el desarrollo de software y la ciudadanía digital para ayudar a los jóvenes a navegar por el mundo online de forma responsable. Más allá de las habilidades técnicas, es importante hacer hincapié en el pensamiento crítico, la resolución de problemas y la adaptabilidad, ya que estas cualidades son cruciales para el éxito en un panorama digital en rápida evolución. Dotando a los jóvenes de las herramientas que necesitan para relacionarse eficazmente con la tecnología, podemos asegurarnos de que están preparados para aprovechar su potencial de innovación y progreso, al tiempo que se mitigan los riesgos asociados con el tiempo excesivo frente a la pantalla y la adicción a Internet.

LA RESPONSABILIDAD DE GUIAR EL USO RESPONSABLE DE INTERNET

Uno de los componentes clave para abordar la adicción a Internet y su impacto en la sociedad es la responsabilidad de orientar el uso responsable de Internet. Esto implica no sólo educar a las personas sobre los riesgos potenciales del uso excesivo de Internet, sino también proporcionarles las herramientas y los recursos necesarios para navegar por el mundo online de forma saludable. Los padres, los educadores y los responsables políticos desempeñan un papel crucial en la promoción del uso responsable de Internet, ya sea estableciendo límites al tiempo frente a la pantalla, enseñando habilidades de alfabetización digital o abogando por normativas que protejan a los usuarios de contenidos perjudiciales en línea. Haciendo hincapié en la importancia del equilibrio, el pensamiento crítico y la atención plena en las actividades en línea, podemos ayudar a las personas a desarrollar una relación sana con la tecnología y reducir las consecuencias negativas asociadas a la adicción a Internet. En última instancia, orientar el uso responsable de Internet es esencial para crear una sociedad que prospere en la era digital sin sucumbir a sus inconvenientes.

LX. LA ADICCIÓN A INTERNET Y EL CONCEPTO DE OCIO

La adicción a Internet se ha convertido en una preocupación creciente en la sociedad actual, en la que las personas pasan cada vez más tiempo en línea, a menudo a expensas de las actividades de ocio tradicionales. Este cambio plantea cuestiones sobre la naturaleza evolutiva del ocio en la era digital. Mientras algunos sostienen que el tiempo pasado en Internet puede ser una forma de ocio, otros sostienen que el verdadero ocio implica la participación activa y el compromiso con el mundo físico. Esta discrepancia pone de relieve la necesidad de reevaluar nuestra comprensión del ocio en el contexto de la tecnología. El atractivo de la conectividad constante y la gratificación instantánea que proporciona Internet puede llevar a las personas a dar prioridad a las actividades en línea frente a formas de ocio más significativas, lo que podría obstaculizar el desarrollo personal y el bienestar general. Por ello, se necesita más investigación para explorar las implicaciones de la adicción a Internet en la forma en que percibimos y realizamos las actividades de ocio en el mundo moderno.

LA TRANSFORMACIÓN DE LAS ACTIVIDADES DE OCIO

La transformación de las actividades de ocio en la sociedad actual se ha visto muy afectada por el avance de la tecnología, sobre todo por el uso generalizado de Internet. Las formas tradicionales de ocio, como leer un libro o jugar al aire libre, han sido sustituidas cada vez más por actividades basadas en la pantalla, como navegar por las redes sociales, los juegos en línea y los servicios de streaming. Este cambio ha suscitado preocupación por los posibles efectos negativos de la adicción a Internet en la salud mental y física de las personas. A pesar de la comodidad y el valor de entretenimiento que proporciona la tecnología, es crucial examinar las consecuencias del tiempo excesivo frente a la pantalla sobre el bienestar personal. Comprender cómo han evolucionado las actividades de ocio en la era digital puede ayudar a los investigadores y a los responsables políticos a desarrollar intervenciones para promover un estilo de vida equilibrado y mitigar los efectos perjudiciales de la adicción a Internet en el conjunto de la sociedad.

EL PAPEL DE INTERNET EN LA RELAJACIÓN Y EL TIEMPO DE INACTIVIDAD

Internet desempeña un papel importante a la hora de proporcionar relajación y tiempo de inactividad a las personas en la sociedad actual. Con la gran variedad de opciones de entretenimiento disponibles en Internet, como los servicios de streaming, las plataformas de redes sociales y los juegos en línea, la gente puede relajarse fácilmente y escapar del estrés de la vida cotidiana. Participar en estas actividades en línea puede ofrecer una sensación de disfrute y distracción, permitiendo a las personas desconectar temporalmente de sus responsabilidades y obligaciones. Además, Internet ofrece un espacio virtual para la socialización y la interacción, que permite a las personas conectar con otras y entablar relaciones desde la comodidad de su propio hogar. Sin embargo, es esencial reconocer los posibles inconvenientes del uso excesivo de Internet, ya que puede conducir a la adicción y a consecuencias negativas para la salud mental y el bienestar. Por tanto, aunque Internet puede ser una herramienta valiosa para la relajación y el ocio, la moderación y la atención plena son cruciales para mantener un equilibrio saludable en la era digital.

ENCONTRAR EL OCIO MÁS ALLÁ DE LA PANTALLA

Encontrar ocio más allá de la pantalla es cada vez más importante en la sociedad actual, dominada por la tecnología. A medida que las personas pasan más tiempo con sus dispositivos, crece la necesidad de encontrar formas alternativas de relajarse y desconectar. Este alejamiento de las pantallas puede mejorar la salud mental y el bienestar general. Participar en actividades físicas como el senderismo, el yoga o simplemente dar un paseo por la naturaleza puede proporcionar un descanso muy necesario de la estimulación constante de las pantallas. Además, socializar con amigos y familiares cara a cara o participar en actos comunitarios puede fomentar conexiones significativas y crear un sentimiento de pertenencia. Al encontrar actividades de ocio más allá de la pantalla, las personas pueden reducir su dependencia de la tecnología y lograr un mayor equilibrio en sus vidas. Este cambio puede conducir, en última instancia, a un estilo de vida más sano y a una sensación de ocio más satisfactoria.

LXI. EL PAPEL DE LA ADICCIÓN A INTERNET EN LAS ARTES Y LA CULTURA

El papel de la adicción a Internet en las artes y la cultura es una cuestión compleja y polifacética que merece un examen minucioso. A medida que la tecnología sigue evolucionando a un ritmo vertiginoso, también se han transformado las formas en que las personas se relacionan con los contenidos artísticos y los consumen. La adicción a Internet puede tener una serie de efectos perjudiciales para las prácticas artísticas y las experiencias culturales, como la reducción de la capacidad de atención, la alteración de la percepción de la creatividad y el cambio hacia la gratificación instantánea. Sin embargo, es importante reconocer que Internet también ofrece oportunidades sin precedentes a los artistas y productores culturales para llegar a nuevos públicos y experimentar con formas de expresión innovadoras. Analizando críticamente la interacción entre la adicción a Internet y las artes, los investigadores pueden desarrollar una comprensión más matizada del panorama digital y sus implicaciones para la cultura contemporánea. En última instancia, lograr un equilibrio entre el aprovechamiento de los beneficios de la tecnología digital y la mitigación de sus posibles perjuicios es clave para fomentar un ecosistema artístico vibrante y sostenible en la era digital.

ARTE DIGITAL Y EXPOSICIONES ONLINE

El arte digital y las exposiciones en línea son cada vez más frecuentes en la sociedad actual, y ofrecen nuevas vías para que los artistas muestren sus obras y el público se comprometa con el arte desde cualquier lugar del mundo. La accesibilidad y comodidad de las plataformas en línea han democratizado el mundo del arte, permitiendo a los artistas emergentes llegar a un público global y desafiando las nociones tradicionales de comisariado y exposición. Sin embargo, este cambio al ámbito digital también plantea cuestiones sobre la autenticidad y el valor del arte en un espacio virtual. Los críticos sostienen que la fisicalidad y las experiencias sensoriales ligadas a las galerías tradicionales se pierden en las exposiciones en línea, lo que afecta a la conexión emocional del espectador con la obra de arte. A medida que la tecnología siga avanzando, el debate entre los méritos del arte digital y la importancia de la interacción física en el consumo de arte seguirá estando en primera línea de las discusiones en torno al cambiante panorama del mundo del arte.

CONSERVACIÓN DE LOS BIENES CULTURALES

La conservación de los artefactos culturales es de vital importancia en la sociedad actual, ya que estos objetos tienen un inmenso significado histórico, artístico y cultural. Con el auge de la tecnología, ahora existen formas innovadoras de digitalizar y proteger estos valiosos artefactos del desgaste natural del tiempo. Los museos y las instituciones pueden utilizar ahora técnicas avanzadas de imagen para crear réplicas virtuales de artefactos antiguos, lo que permite a personas de todo el mundo acceder a estos tesoros y apreciarlos. Sin embargo, aunque la tecnología ofrece nuevas posibilidades de conservación, también conlleva algunos retos. La naturaleza en constante evolución de las plataformas digitales significa que debemos actualizar y mantener continuamente estas colecciones virtuales para garantizar su longevidad. A pesar de estos retos, la conservación digital de artefactos culturales presenta una solución prometedora para salvaguardar nuestro rico patrimonio para que las generaciones futuras lo aprecien y aprendan de él.

LA INFLUENCIA DE LOS MEDIOS DIGITALES EN LA EXPRESIÓN ARTÍSTICA

La influencia de los medios digitales en la expresión artística es un tema de gran interés en la sociedad contemporánea. La llegada de la tecnología ha proporcionado a los artistas un sinfín de herramientas y plataformas creativas para mostrar su trabajo a un público global. A través de las redes sociales, los sitios web y las galerías digitales, los artistas pueden llegar a un público más amplio y relacionarse con sus espectadores de formas nuevas e innovadoras. Los medios digitales también han democratizado el mundo del arte, permitiendo a los artistas emergentes mostrar su obra junto a profesionales consagrados. Sin embargo, hay quien sostiene que la ubicuidad de los medios digitales ha conducido a una homogeneización de la expresión artística, con tendencias y estilos que se propagan y reproducen fácilmente. A pesar de estas preocupaciones, los medios digitales siguen moldeando y redefiniendo las fronteras de la práctica artística, desafiando a los artistas a superar los límites de la creatividad y la experimentación en la era digital.

LXII. LA ADICCIÓN A INTERNET Y LA NOCIÓN DE SERVICIO COMUNITARIO

La adicción a Internet se ha convertido en un problema prevalente en la sociedad actual, en la que las personas pasan un tiempo excesivo en línea, descuidando las relaciones y responsabilidades de la vida real. Sin embargo, es crucial considerar el posible impacto positivo del uso de Internet, especialmente en el contexto del servicio a la comunidad. Las plataformas en línea brindan una oportunidad única para que las personas participen en trabajos voluntarios, conciencien sobre cuestiones sociales y se pongan en contacto con personas de ideas afines que comparten la pasión por devolver algo a sus comunidades. Aprovechando el poder de Internet para el servicio comunitario, las personas que sufren adicción a Internet pueden canalizar su energía en actividades significativas y productivas que beneficien a la sociedad en su conjunto. Además, fomentar un sentimiento de comunidad online puede ayudar a combatir los sentimientos de aislamiento y desconexión que a menudo contribuyen a los comportamientos adictivos. En general, explorar la intersección entre la adicción a Internet y el servicio a la comunidad puede arrojar luz sobre la compleja relación entre tecnología y responsabilidad social en la era digital.

VOLUNTARIADO ONLINE E IMPACTO SOCIAL

El voluntariado en línea se ha convertido en un método cada vez más popular a través del cual las personas pueden contribuir a iniciativas de impacto social. Aprovechando el poder de Internet, los voluntarios pueden participar en proyectos y causas desde cualquier lugar del mundo, ampliando el alcance y la eficacia de sus esfuerzos. Desde dar clases a distancia a comunidades desatendidas hasta ayudar a organizaciones con trabajos de diseño gráfico, el voluntariado en línea ofrece una amplia gama de oportunidades para que las personas marquen la diferencia. Sin embargo, aunque la comodidad y accesibilidad del voluntariado en línea son innegables, es esencial tener en cuenta los posibles inconvenientes y limitaciones de este enfoque. Cuestiones como la brecha digital, la responsabilidad y la calidad del trabajo realizado a distancia deben evaluarse cuidadosamente para garantizar que el voluntariado en línea consigue realmente un impacto social significativo. A medida que la tecnología sigue avanzando, es crucial que investigadores y profesionales evalúen críticamente las implicaciones del voluntariado en línea en la sociedad y desarrollen estrategias para maximizar sus beneficios al tiempo que mitigan los riesgos potenciales.

EL PAPEL DE INTERNET EN LA MOVILIZACIÓN DE LA AYUDA

El papel de Internet en la movilización de la ayuda es cada vez más importante en la sociedad moderna. A través de las plataformas en línea y los medios sociales, las personas pueden organizar rápida y eficazmente el apoyo a diversas causas y catástrofes. Internet permite una comunicación rápida, la recaudación de fondos y la coordinación de recursos a escala mundial, lo que posibilita respuestas más eficaces e inmediatas a las crisis. Sin embargo, la prevalencia de noticias falsas y desinformación en línea plantea un reto a la hora de garantizar la exactitud y legitimidad de los esfuerzos de ayuda. Es crucial que las organizaciones de ayuda y los individuos verifiquen la credibilidad de la información antes de actuar. A medida que la tecnología siga avanzando, el papel de Internet en la movilización de la ayuda no hará sino aumentar, lo que subraya la necesidad de pensamiento crítico y discernimiento a la hora de aprovechar los recursos en línea con fines humanitarios.

LA ÉTICA DEL HUMANITARISMO DIGITAL

La ética del humanitarismo digital se encuentra en la intersección de la tecnología, la moralidad y la responsabilidad social. A medida que el panorama digital sigue evolucionando y expandiéndose, el potencial para aprovechar la tecnología con fines humanitarios se hace cada vez más evidente. Sin embargo, esto también plantea cuestiones éticas sobre el uso adecuado de las herramientas digitales en los esfuerzos humanitarios. Por un lado, la tecnología puede permitir una respuesta más eficaz ante las catástrofes, facilitar la comunicación y la coordinación entre las organizaciones de ayuda y amplificar las voces de las comunidades marginadas. Pero, por otro lado, hay que sopesar cuidadosamente las preocupaciones sobre la privacidad de los datos, la vigilancia y la brecha digital. Es crucial que los investigadores, los responsables políticos y los profesionales evalúen críticamente las implicaciones éticas del humanitarismo digital, teniendo en cuenta cuestiones como el consentimiento, la transparencia, la responsabilidad y la equidad. Si abordamos el humanitarismo digital desde una perspectiva reflexiva y ética, podremos aprovechar el poder de la tecnología y salvaguardar al mismo tiempo los derechos y la dignidad de los necesitados.

LXIII. EL PAPEL DE LA ADICCIÓN A INTERNET EN LA MARCA PERSONAL

En la era digital actual, el concepto de marca personal es cada vez más importante en diversos aspectos de la vida, como el éxito profesional, las relaciones sociales y la imagen personal. Sin embargo, el aumento de la adicción a Internet plantea un reto importante a las personas que pretenden cultivar una marca personal sólida. La adicción a Internet puede llevar a pasar un tiempo excesivo en la red, lo que puede restar capacidad al individuo para dedicarse a una autorreflexión significativa, buscar oportunidades de crecimiento personal o establecer conexiones auténticas con los demás. Además, el bombardeo constante de información y plataformas de medios sociales puede distorsionar la percepción de uno mismo y eclipsar sus cualidades y talentos únicos. Por tanto, es crucial que las personas encuentren un equilibrio entre utilizar Internet con fines de marca personal y mantener una relación sana con la tecnología para evitar los efectos perjudiciales de la adicción a Internet en su marca personal. Reconociendo el papel de la adicción a Internet en la marca personal y aplicando estrategias para gestionar el comportamiento en línea, las personas pueden mejorar su imagen y reputación de forma consciente y sostenible.

EL AUGE DE LA CULTURA DEL INFLUENCER

El auge de la cultura de los influencers en la sociedad actual es un fenómeno que no puede ignorarse. Los influencers, a menudo aprovechando las plataformas de las redes sociales, han acumulado seguidores masivos y ejercen una influencia significativa sobre sus audiencias. Este nuevo poder ha dado lugar a colaboraciones con marcas, moldeando el comportamiento y las tendencias de los consumidores. Sin embargo, la cultura de los influencers también saca a la luz cuestiones éticas, como la autenticidad y la promoción del materialismo. La exposición constante a imágenes y estilos de vida curados puede contribuir a sentimientos de inadecuación y perpetuar estándares poco realistas. A medida que la tecnología sigue avanzando, la cultura de los influencers plantea interrogantes sobre el impacto de las redes sociales en la salud mental y la autoestima. Es esencial que los investigadores profundicen en las complejidades de este cambio cultural para comprender plenamente sus implicaciones en la sociedad actual.

GESTIÓN DE LA REPUTACIÓN ONLINE

Gestionar la reputación online es un aspecto crucial en la era digital actual, en la que las personas y las empresas son vulnerables a la difusión instantánea de información en la red. Para navegar por el complejo panorama de Internet, es esencial que las entidades supervisen proactivamente su presencia en línea y aborden con prontitud cualquier contenido negativo. Utilizar diversas herramientas online, como plataformas de seguimiento de redes sociales y técnicas de optimización de motores de búsqueda, puede ayudar a mantener una reputación positiva. Además, comprometerse con los clientes y las partes interesadas mediante una comunicación transparente y la búsqueda activa de opiniones puede contribuir a una imagen en línea favorable. Al dar prioridad a las estrategias de gestión de la reputación, las personas y las organizaciones pueden mitigar los riesgos potenciales y cultivar una presencia en línea sólida en un mundo cada vez más interconectado. La capacidad de gestionar eficazmente la reputación online es primordial para salvaguardar la credibilidad y la confianza en la sociedad actual, dominada por las interacciones digitales.

EL IMPACTO DE LA MARCA PERSONAL EN LAS OPORTUNIDADES PROFESIONALES

La marca personal desempeña un papel crucial en la configuración de las oportunidades profesionales en el competitivo mercado laboral actual. Las personas que cultivan y gestionan eficazmente su marca personal tienen más probabilidades de destacar entre sus compañeros y atraer la atención de posibles empleadores. Mostrando estratégicamente sus habilidades, experiencia y cualidades únicas en Internet a través de plataformas de redes sociales, sitios web personales y eventos de networking, las personas pueden posicionarse como candidatos deseables para las oportunidades de empleo. Una marca personal sólida puede ayudar a las personas a establecer credibilidad, generar confianza con posibles empleadores y diferenciarse de otras personas con cualificaciones similares. Además, una marca personal bien definida puede abrir puertas a nuevas oportunidades profesionales, ampliar las redes profesionales y, en última instancia, conducir a la promoción profesional. En esencia, invertir tiempo y esfuerzo en desarrollar una marca personal puede mejorar significativamente las perspectivas de carrera de una persona y crear nuevas vías de éxito en el mundo profesional.

LXIV. LA ADICCIÓN A INTERNET Y LA EVOLUCIÓN DE LA CONCIENCIA HUMANA

La adicción a Internet se ha convertido en un problema acuciante en la sociedad actual, en la que las personas dependen cada vez más de los dispositivos digitales para comunicarse, informarse y entretenerse. Este fenómeno plantea cuestiones sobre cómo la constante conectividad en línea está moldeando la evolución de la conciencia humana. La gran cantidad de información y gratificación inmediata que ofrece Internet puede alterar la forma en que las personas piensan, procesan la información e interactúan con el mundo que les rodea. A medida que las personas pasan más tiempo en línea, sus cerebros pueden reconfigurarse para dar prioridad a los estímulos digitales sobre las experiencias de la vida real. Este cambio en los procesos cognitivos podría tener profundas implicaciones en la forma en que los seres humanos perciben la realidad, establecen relaciones y toman decisiones. Por tanto, examinar la relación entre la adicción a Internet y la evolución de la conciencia humana es crucial para comprender la compleja interacción entre la tecnología y el desarrollo cognitivo en la era moderna.

LA INFLUENCIA EN LOS PROCESOS COGNITIVOS

La influencia de la tecnología en los procesos cognitivos es una cuestión compleja y polifacética que merece un examen exhaustivo. Un aspecto clave a considerar es el impacto de la tecnología, en particular de Internet, en la capacidad de atención y concentración. La investigación ha demostrado que el uso excesivo de Internet puede provocar una disminución del control cognitivo y un aumento de la distracción. Esto puede tener amplias repercusiones en la capacidad de los individuos para concentrarse, resolver problemas y participar en tareas de pensamiento crítico. Además, los constantes estímulos y notificaciones de los dispositivos digitales pueden abrumar los procesos cognitivos del cerebro, provocando una sobrecarga de información y una reducción de la eficacia cognitiva. Comprender estos efectos es crucial para desarrollar estrategias eficaces que mitiguen las consecuencias negativas de la adicción a Internet y promuevan un funcionamiento cognitivo saludable en la sociedad actual. Explorando estas cuestiones en profundidad, podemos obtener información valiosa sobre las formas en que la tecnología moldea nuestros procesos cognitivos y, en última instancia, influye en nuestro comportamiento y bienestar.

EL POTENCIAL PARA AMPLIAR LA CONCIENCIA

La posibilidad de ampliar la concienciación sobre los efectos perjudiciales de la adicción a Internet en la sociedad actual es crucial para abordar este problema acuciante. Al aumentar la concienciación, las personas, las familias, los educadores y los responsables políticos pueden comprender mejor el impacto del uso excesivo de Internet en la salud mental, las relaciones y el bienestar general. Las campañas de educación y concienciación pública pueden ayudar a poner de relieve las señales de advertencia de la adicción a Internet y proporcionar recursos a quienes busquen ayuda. Además, los esfuerzos de investigación centrados en la prevalencia de la adicción a Internet y sus consecuencias pueden contribuir a una comprensión más profunda de este fenómeno. Mediante la colaboración entre investigadores, profesionales sanitarios y empresas tecnológicas, pueden desarrollarse soluciones e intervenciones innovadoras para mitigar los efectos negativos de la adicción a Internet. Ampliando la concienciación y fomentando la colaboración interdisciplinar, la sociedad puede trabajar para crear una relación más sana con la tecnología.

LA INTERSECCIÓN ENTRE TECNOLOGÍA Y ESPIRITUALIDAD

La intersección entre tecnología y espiritualidad es un área compleja y dinámica que ha suscitado cada vez más atención en los últimos años. Por un lado, la tecnología ha proporcionado herramientas y plataformas para que las personas se comprometan con su espiritualidad de formas nuevas e innovadoras, como a través de aplicaciones de meditación, servicios religiosos virtuales y comunidades en línea para la exploración espiritual. Estos avances tecnológicos han facilitado un mayor acceso a las prácticas y enseñanzas espirituales, rompiendo las barreras del tiempo y el espacio. Por otro lado, preocupa el posible impacto negativo de la tecnología en la espiritualidad, ya que puede provocar distracciones, desconexión del mundo físico y un compromiso superficial con las prácticas espirituales. Mientras los investigadores siguen explorando esta intersección, es crucial examinar tanto las implicaciones positivas como las negativas de la tecnología en la espiritualidad, y desarrollar estrategias para aprovechar la tecnología de forma que potencie, en lugar de restar, el crecimiento espiritual y el bienestar en la sociedad actual.

LXV. CONCLUSIÓN

En conclusión, la prevalencia de la adicción a Internet en la sociedad moderna es un tema complejo que requiere más investigación y atención. La doble cara de la tecnología, con sus innumerables ventajas e inconvenientes, ha creado un nuevo reto para las personas y las comunidades de todo el mundo. Como se expone en este ensayo, la adicción a Internet puede tener repercusiones significativas en la salud mental, las relaciones y la productividad de las personas. Comprender los factores que contribuyen a la adicción a Internet y desarrollar intervenciones eficaces es crucial para abordar este creciente problema. Es imprescindible que los responsables políticos, los profesionales sanitarios y las empresas tecnológicas colaboren en la aplicación de estrategias que promuevan un uso más saludable de Internet y reduzcan las consecuencias negativas del tiempo excesivo frente a la pantalla. Concienciando y fomentando un enfoque integral para combatir la adicción a Internet, podemos esforzarnos por conseguir una relación más equilibrada y sostenible con la tecnología en la sociedad actual.

RESUMEN DE LAS PRINCIPALES CONCLUSIONES

En resumen, las principales conclusiones de esta investigación ponen de relieve los efectos perjudiciales de la adicción a Internet en la sociedad actual. Se ha demostrado que la prevalencia de este problema conlleva diversas consecuencias negativas, como la disminución de la productividad, el aislamiento social y posibles problemas de salud mental. Además, la accesibilidad y la conectividad constante que proporciona la tecnología han contribuido al aumento de la adicción a internet, convirtiéndola en una preocupación creciente entre individuos de todas las edades. Además, el impacto de la adicción a Internet se extiende más allá del individuo, afectando a las relaciones, el rendimiento laboral y el bienestar general. Es evidente que se necesita más concienciación e investigación para abordar este problema con eficacia y desarrollar estrategias para mitigar sus efectos en la sociedad. En general, las conclusiones subrayan la urgencia de abordar la adicción a Internet como un grave problema social que requiere atención e intervención.

IMPLICACIONES PARA LA INVESTIGACIÓN FUTURA

Las implicaciones para futuras investigaciones en el campo de la adicción a Internet y su impacto en la sociedad actual son amplias y críticas. Una vía para seguir explorando podría ser profundizar en los mecanismos psicológicos subyacentes que llevan a los individuos a desarrollar conductas adictivas hacia la tecnología. Comprender los procesos cognitivos implicados en la adicción a Internet podría conducir a intervenciones y estrategias de prevención más específicas. Además, los estudios longitudinales podrían arrojar luz sobre las consecuencias a largo plazo de la adicción a Internet en la salud mental, las relaciones y el bienestar general de los individuos. Otra área fructífera para la investigación futura podría ser examinar el papel de los factores sociales, como las normas culturales y las condiciones económicas, en la configuración de las pautas de uso de Internet y la adicción. Explorando estas diversas dimensiones, los investigadores pueden contribuir a una comprensión más completa del complejo fenómeno de la adicción a Internet y sus implicaciones para la sociedad en general.

REFLEXIONES FINALES SOBRE LA DOBLE CARA DE LA TECNOLOGÍA

En conclusión, las dobles caras de la tecnología, en particular el fenómeno de la adicción a Internet, presentan un problema complejo y polifacético que requiere una cuidadosa consideración e intervención. Aunque la tecnología ha revolucionado sin duda la forma en que vivimos, trabajamos y nos comunicamos, también conlleva una serie de consecuencias negativas, como el aumento del tiempo frente a la pantalla, el aislamiento social y la disminución de la salud mental. A medida que nuestra sociedad se vuelve más dependiente de la tecnología, es imperativo que abordemos estos retos de frente mediante una combinación de educación, regulación y responsabilidad personal. Fomentando una mayor conciencia de los riesgos asociados al uso de la tecnología y promoviendo hábitos y límites saludables, podemos mitigar los efectos nocivos de la adicción a Internet y crear una relación más equilibrada y sostenible con la tecnología en la sociedad actual. Sólo reconociendo y abordando la doble cara de la tecnología podremos aprovechar sus beneficios y minimizar sus inconvenientes.

BIBLIOGRAFÍA

Janice Reynolds. 'Logística y cumplimiento para el comercio electrónico'. A Practical Guide to Mastering Back Office Functions for Online Commerce, CRC Press, 15/4/2001

Alan Booth. 'La influencia de los hijos en la dinámica familiar'. El lado descuidado de las relaciones familiares, Ann Crouter, Routledge, 4/2/2003

Markie L. Blumer. 'El marco tecnológico de la pareja y la familia'. Relaciones íntimas en la era digital, Katherine M. Hertlein, Routledge, 18/7/2013

Amir H. Pakpour. 'Un Buen Sueño: El papel de los factores en la salud psicosocial'. Chung-Ying Lin, Frontiers Media SA, 7/8/2020

David B.Cooper. 'Introducción a la Salud Mental'. Uso de Sustancias, CRC Press, 22/11/2017

Ahmad Alkhatib. 'Estilo de Vida Sedentario'. Factores predictivos, riesgos para la salud e implicaciones fisiológicas, Nova Science Publishers, Incorporated, 1/1/2016

Olatz López-Fernández. 'Problemas de Salud Relacionados con el Uso de Internet y Smartphones'. Tratamiento, Educación e Investigación, MDPI, 8/31/2021

Robert Carlson. 'Finanzas personales después de los 50 para Dummies'. Eric Tyson, John Wiley & Sons, 8/7/2018

Thomas H. Davenport. 'La economía de la atención'. Understanding the New Currency of Business, Harvard Business School Press, 1/1/2001

Cary Cooper. 'Trabajo saludable y productivo'. Una perspectiva internacional, Lawrence R. Murphy, CRC Press, 29/06/2000

Martin Reuter. 'Adicción a Internet'. Enfoques Neurocientíficos e Implicaciones Terapéuticas Incluyendo la Adicción al Smartphone, Christian Montag, Springer International Publishing, 5/8/2018

Nancy J. Allen. 'Hacia la equidad digital'. Bridging the Divide in Education, Gwen Solomon, Allyn and Bacon, 1/1/2003

CENTRO EDUCATIVO DIWAKAR. CUET-PG 'Philosophy [HUQP16] Question Bank Book 3000+ Question Answer Chapter Wise As Per Updated Syllabus'. Centro de Educación Diwakar , 2/1/2024

Kumar, A.V. Senthil. 'Optimizar la participación de los estudiantes en entornos de aprendizaje en línea'. IGI Global, 30/11/2017

David Hollister. 'Aprendizaje a distancia'. Principios para un diseño, impartición y evaluación eficaces, Chandra Mehrotra, SAGE Publications, 21/9/2001

Dr. Swarnalatha. 'UN MANUAL SOBRE LA CONCILIACIÓN DE LA VIDA LABORAL Y FAMILIAR'. Lulu.com, 1/12/2017

Ludita Productivo. 'El crimen de la concentración: Máximas y mantras para multitareas en recuperación y personas desesperadamente distraídas'. El Ludita Productivo, 6/1/2010

Doug Knell. 'Secretos innovadores de Internet'. Aumenta tu productividad y eficacia en Internet por un factor de diez... o más, Innovasion, 1/11/2018

Michael Ball. 'Gestión electrónica en el trabajo'. Internet y la revolución de la productividad en la oficina, Godofredo Beauvallet, iUniverse, 1/1/2002

Barry Schwartz. 'La paradoja de la elección'. Por qué más es menos, edición revisada, Harper Collins, 13/10/2009

Batista, Joao Carlos Lopes. 'Sobrecarga de Información y Comunicación en la Era Digital'. Marques, Rui Pedro Figueiredo, IGI Global, 30/1/2017

Jeffrey Huber. 'Fuentes y recursos de información sobre el VIH/SIDA en Internet'. CRC Press, 29/4/2021

Juan Manuel Machimbarrena. 'Riesgos de las "Ciber-relaciones en Adolescentes y Jóvenes'. Iratxe Redondo, Frontiers Media SA, 17/2/2023

Palanichamy Naveen. 'Comprender el metaverso y sus maravillas tecnológicas'. Más allá de la realidad, Cambridge Scholars Publishing, 12/11/2023

Burrow-Sánchez, Jason. 'Comunicación y comportamiento social online de los adolescentes: Formación de Relaciones en Internet'. Formación de relaciones en Internet, Zheng, Robert Z., IGI Global, 30/11/2009

Adrian Carr. 'Romance en el ciberespacio'. La psicología de las relaciones en línea, Monica Whitty, Bloomsbury Publishing, 16/09/2017

Paul Delfabbro. 'Trastorno por Juego en Internet'. Teoría, evaluación, tratamiento y prevención, Daniel King, Academic Press, 18/07/2018

Richard M. Ryan. 'Pegados a los juegos'. Cómo los videojuegos nos atraen y nos mantienen hechizados, Scott Rigby, Bloomsbury Publishing USA, 18/2/2011

Richard A.Bartle. 'Los MMO de dentro afuera'. La historia, el diseño, la diversión y el arte de los juegos de rol multijugador masivos en línea, Apress, 30/12/2015

Sarah Gentry. 'La adicción a Internet y los juegos en línea'. Samuel C.McQuade, Chelsea House, 1/1/2012

Juliette Powell. Los bucles de retroalimentación de los medios sociales". Pearson Education Incorporated, 1/1/1900

Gabriele Meiselwitz. 'Informática social y medios sociales. Diseño, Ética, Comportamiento del Usuario y Análisis de Redes Sociales'. 12ª Conferencia Internacional, SCSM 2020, celebrada como parte de la 22ª Conferencia Internacional de HCI, HCII 2020, Copenhague, Dinamarca, 19-24 de julio de 2020, Actas, Parte I, Springer Nature, 7/10/2020

John Allen Hendricks. 'Medios sociales'. Uso e impacto, Hana S. Noor Al-Deen, Lexington Books, 1/1/2012

Andrea C.Nakaya. 'Adicción a Internet y a los medios sociales'. ReferencePoint Press, Incorporated ®, 1/1/2015

Shazib Naveed. 'Uso de Internet y Preferencias de Tareas Parte 1'. Una perspectiva con diferencias de género, Lap Lambert Academic Publishing GmbH KG, 1/1/2013

División de Ciencias Sociales y del Comportamiento y Educación. 'Acabar con la discriminación de las personas con trastornos mentales y por consumo de sustancias'. The Evidence for Stigma Change, Academias Nacionales de Ciencias, Ingeniería y Medicina, National Academies Press, 9/3/2016

División de Ciencias Sociales y del Comportamiento y Educación. 'Tasas de mortalidad elevadas y en aumento entre los adultos en edad de trabajar'. Academias Nacionales de Ciencias, Ingeniería y Medicina, National Academies Press, 1/1/2021

Jindal, Priya. 'Promover el compromiso del consumidor mediante la marca emocional y el marketing sensorial'. Gupta, Monika, IGI Global, 12/9/2022

I. Albery. 'Cognición y adicción'. Marcus Munafò, Oxford University Press, 1/1/2006

Bozoglan, Bahadir. 'Aspectos Psicológicos, Sociales y Culturales de la Adicción a Internet'. IGI Global, 8/12/2017

Bonnie A.Nardi. 'Materialidad y organización'. Interacción social en un mundo tecnológico, Paul M. Leonardi, OUP Oxford, 22/11/2012

Johnny Ryan. 'Historia de Internet y del futuro digital'. Reaktion Books, 15/9/2010

Paolo Magaudda. 'Historia de los medios digitales'. Una perspectiva intermedia y global, Gabriele Balbi, Routledge, 24/04/2018

Meryl Siegal. 'La generación 1.5 en la composición universitaria'. La enseñanza de la escritura académica a estudiantes estadounidenses de ESL, Mark Roberge, Routledge, 2/12/2009

Cristiano Nabuco de Abreu. 'Adicción a Internet'. Manual y guía de evaluación y tratamiento, Kimberly S. Young, Wiley, 26/10/2010

Laura Curtiss Feder PsyD. 'Adicciones Conductuales'. Criterios, pruebas y tratamiento, Dr. Kenneth Paul Rosenberg, Academic Press, 17/2/2014

Cristiano Nabuco De Abreu, Doctor. 'Adicción a Internet en niños y adolescentes'. Factores de riesgo, evaluación y tratamiento, Kimberly S. Young, PsyD, Springer Publishing Company, 28/06/2017

www.ingramcontent.com/pod-product-compliance
Lightning Source LLC
LaVergne TN
LVHW051223050326
832903LV00028B/2230